サンドウィッチと喫茶の時間

川口葉子

g

はじめに

喫茶店で初めてサンドウィッチを食べたのはいつのことでしょうか。

私の記憶は昭和時代にさかのぼります。デパートの2階、うぐいす色のソファが並ぶ喫茶店で食べた、スタンダードな長方形のミックスサンド。サンドウィッチの肩に小さなパセリがのっていて、それは後年、私の喫茶店／カフェ定義遊びの一項目になりました。

つまり、サンドウィッチにパセリが添えてあったら喫茶店／なければカフェ。喫茶店とカフェの違いを定義する、正解のない遊びです。大きくて新鮮なパセリが出てくるお店は、繁盛しているお店——そんなふうに思ったりもしました。

それから数十年。

いま、サンドウィッチの表情は信じられないほど多彩になっています。パン文化が暮らしに浸透して、昭和時代の喫茶店ではほぼ食パンだけだったのが、令和時代のカフェのパンときたら、バゲットにクロワッサンにフォカッチャにリュスティックに……。具材も百花繚乱。サバだって、柿だって、オレオクッキーだってはさまれて誇らしげな顔をしているのです。

「あなたはなぜ、メニューの主役としてサンドウィッチを選んだのですか?」

店主にそう訊ねると、複数の人々が「自由だから」と答えてくれました。

何をはさんでもいいという自由。得意料理をはさんで、食べる人に喜んでもらいたい。イタリア料理、和食、ベトナム料理などのエッセンスをパンの中で表現したい。あるいは、思いがけない食材の組み合わせを楽しんでもらいたい。

サンドウィッチには自由がはさまれているのだという確信は、旅をして、街の喫茶店やカフェでサンドウィッチを食べるたびに強いものとなりました。本書ではそんな北海道から沖縄までの旅で出合った、魅力的なサンドウィッチの数々をご紹介しています。

端正。オーソドックス。大胆。バロック。耽美主義。サンドウィッチのさまざまな表情とお店そのものの魅力、そしてパセリが現在どんな位置づけになっているかもあわせてお楽しみいただけたら嬉しく思います。

Contents

厚焼き玉子サンド
800円(税別)

Classic

Location
北海道函館市

01
Sandwich shop

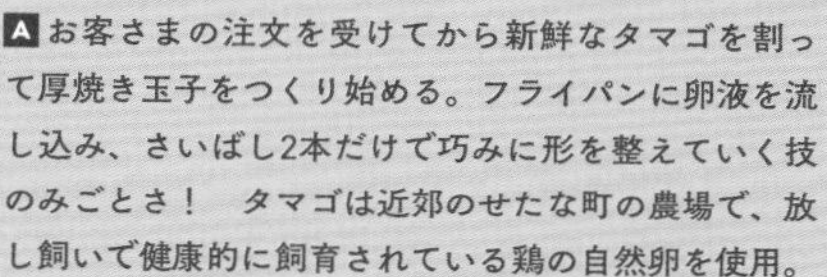

A お客さまの注文を受けてから新鮮なタマゴを割って厚焼き玉子をつくり始める。フライパンに卵液を流し込み、さいばし2本だけで巧みに形を整えていく技のみごとさ！　タマゴは近郊のせたな町の農場で、放し飼いで健康的に飼育されている鶏の自然卵を使用。
B つややかな飴色になった椅子は、いずれも英国の老舗アーコール社のアンティーク。
C 窓辺の陽光は、冬になるとお店の奥まで射しこむ。

唇が喜ぶ、ほわほわの感触 自然養鶏の卵を使って

函館から西へのびる路面電車の終点、谷地頭。昭和の家並が残る静かな町に佇む「クラシック」は、東京から移住した近藤夫妻が営む、ひとりで読書や書きものに溺れることのできるカフェ。

人気の玉子サンドは、函館では珍しい厚焼きタイプ。ふっくら、ほどよい柔らかさに仕上げた玉子と食パンを口に運ぶと、唇が触れた瞬間に、作りたての温かさとやさしい弾力を感じます。お皿に添えられたニンジンのラペも、酸味と甘みのバランスが絶妙。地産地消や健康、環境について考えを重ねる近藤さんが選んだのは、近郊の自然養鶏のタマゴ、ご近所のパン屋さんの食パン、松田のマヨネーズ。

shop DATA

北海道函館市谷地頭町25-20
時 11:30〜22:00
休 火曜日
TEL 080-5596-2291

たらばがに＆パストラミビーフ
900円（税込）

札幌名物タラバガニサラダのサンド

さえら

Location
北海道札幌市

02
Sandwich shop

A

B

C

A 磨きこまれた床板に注目。椅子の脚が接する部分だけすり減っているのは、長年に渡ってお客さまの体重を支えてきた証。
B 撮影のため「タラバガニ＆パストラミ、フルーツ＆焼きもろこしコロッケを1皿に盛り合わせて」と特別注文。お皿からこぼれ落ちそう。タラバガニサラダサンドと人気を二分するフルーツサンドは、クリームの中に季節のフルーツがぎっしり。注文を受けてから揚げる焼きもろこしのコロッケはほかほか。表面のカリッとした食感と、焼きもろこしの甘さが際だつ。
C 招き猫に招かれて今日も……。

海外からの観光客も多い
サンドウィッチ専門の喫茶店

1975年創業。待ち行列のできるサンドウィッチは、10種類以上のバリエーションから2種類を選んで組み合わせるスタイル。人気の「たらばがにサラダサンド」はタラバガニの脚とフレークのサラダ仕立て。キャベツの甘みとシャキシャキした食感が加わって咀嚼が楽しくなるのです。「食事として提供するのでフルーツサンドも甘さ控えめです」と店主。どれを選ぶかあれこれ迷うのもまた、楽しみのひとつ。

shop DATA

北海道札幌市中央区大通西2
都心ビル　B3F
時 10:00〜18:00
休 水曜日
TEL 011-221-4220

シェフとハンターの技を一皿に凝縮

エゾ鹿とビーツ、ブルーチーズのオープンサンド
（Today's special）
1100円（税込）

ニセコ山麓パーラー

Location
北海道虻田郡ニセコ町

03
Sandwich shop

A コンテナを自分たちの手で改装して2017年2月に開業した。断熱材を敷き詰めた内部は、夏も冬も居心地よく快適。大きな窓から暮れゆく夕空を眺めて過ごせる。
B 自家製酵母のパン・ド・カンパーニュに自家製マヨネーズを塗って。
C 地元の新鮮野菜も味の大切な要素。
D 冬はスキーやスノボ帰りのお客さまが増える。青空の下、お手製の看板が迎えてくれる。

自家製のパンとハム、腕利きのハンターから届くエゾ鹿

リンゴをベースにした自家製酵母から，大地の香りを含んだパン・ド・カンパーニュが生まれます。その上にフレッシュな野菜のクッションを敷きつめ、柔らかなエゾ鹿を横たえて。巧みに処理された肉はくさみとは無縁です。ビーツとブルーチーズを散らし、本日のスペシャルサンドが完成。

店主は東京のイタリアンで腕をふるっていた市谷泰英さん。深夜まで働く生活に別れを告げ、若い頃スノボを楽しみに訪れていたニセコへ移住。妻の美枝さんと二人でコンテナを大改装してお店を開きました。

P

A

B

C

D

A コーヒーは札幌の「寿珈琲」の深煎り豆。麻袋の自作ドリッパーで一杯ずつていねいに抽出する。
B 古い木製スキー板はかつて狩猟や登山などに使われた実用品だが、視線をとらえる魅力を湛えている。裏面は毛皮張り。
C 妻の美枝さんは陶芸家。店内の一角で作品を買うこともできる。土や森の色をしたうつわたち。
D コンテナ改装中のスナップ写真。

　サンドウィッチの食材はみな自家製。カンパーニュや自慢のチャバッタはもちろん、真狩村のハーブ豚や余市の麦豚からハムとベーコンを仕込んでます。

「手軽に食べられるのがサンドイッチの魅力。それをちゃんとつくって、ちゃんとおいしいものにしたかったんです」

shop DATA

北海道虻田郡ニセコ町字東山19-19
時 11:00〜18:00
休 水曜日たまに木曜日（どちらの曜日か不定期のため、これらに来店の際は要問い合わせ）
TEL 0136-55-8918

肉汁たっぷり秋田錦牛100％のパティ

ハンバーグサンド
（トッピングにチーズとベーコンをプラス）
950円（税込）

中通りサティスファクション

Location
秋田県秋田市

04
Sandwich shop

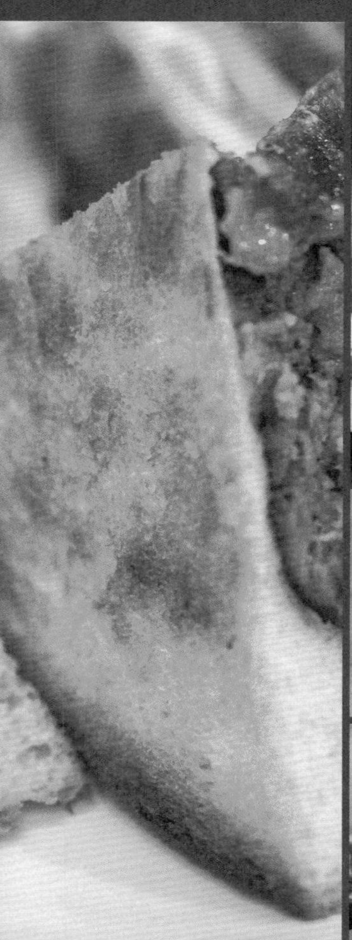

A サンドイッチといっしょにオニオンリングやビールを楽しむお客さま多数。お店の評判を聞きつけた東京からの出張族が、新幹線に乗る前にテイクアウトしていくことも多いのだとか。
B もちもちの湯種パンを香ばしくトーストして、具を重ねていく。店主の柴田大輔さんは東京のグルメハンバーガー&サンドウィッチレストランなどで合計12年に渡って腕を磨き、2013年に故郷で自分のお店をオープン。
C ケチャップとマスタードはご自由にどうぞ。

毎朝焼きあげる自家製バンズとパン

秋田県産の食材を多用し、パンやバンズからタルタルソース、ドレッシングまで自家製のおいしさにこだわるハンバーガー&サンドウィッチ専門店。

基本の「錦バーガー」は、黒毛和牛「錦牛」100%の旨みたっぷりなパティと、絶妙の焼き加減がポイント。地元のプロバスケットチームの選手たちにも愛されるボリューム感です。これをサンドウィッチに変更し、トッピングを追加したのが写真の一皿。アレンジも自由自在なのです。

shop DATA

秋田県秋田市中通6-1-5 1F
時 11:30～21:00
(月曜日～水、金、土曜日)／
11:30～18:00(日曜日・祝日)
休 木曜日
TEL 018-893-4886

05.

Sandwich shop

carta

Location
岩手県盛岡市

ひたひたと心に沁みる清冽な味

サンドウィッチとスープと
ドリンクのセット
820円＋ドリンク代（税込）

A ハンドドリップのコーヒーはオリジナルブレンド「23」と「37」の2種類。インドの紅茶のオークション会場で使われているテイスティングカップに注がれる。豆は加賀谷夫妻が青森市在住時代にご近所だった「カフェデジターヌ」のもの。
B 丸パンのサンドウィッチは開店当初から変わらない定番。ひとつは岩手の菊池牧場の手作り無添加ドイツソーセージとキュウリ、もうひとつはツナとブラックオリーブの組み合わせ。
C 右手の窓には穀物蔵だった時代の頑丈な鉄扉が遺されている。

北東北の素材でつくる丸パンのサンドウィッチ

　喫茶文化が日常に根づいた盛岡の街。なかでもcartaは2006年のオープン以来、飾りたてないセンスの良さと、つかず離れずの接客の居心地の良さ、そして確かなおいしさで地元の人々からも遠方の喫茶好きからも愛されてきました。

　窓辺に置かれたサンドウィッチのセットは、輪郭が白く光るような美しさ。岩手産の小麦粉「ゆきちから」と白神こだま酵母でつくる小ぶりな丸パンは、舌の上でふわっとほどける素直なおいしさです。ひとつは菊池牧場のドイツソーセージとキュウリ、➡

建物の基礎の骨組みは大正時代に建てられた料亭の穀物蔵。加賀谷夫妻が自宅で使っていたアンティークのアーコールチェアが並ぶ。

C お客さまから譲られた昭和30年代製造のピアノは音楽イベントで活躍。

D カウンターに座ってもお店の人の顔が見えない設計。ほどよく放っておかれるけれど、きちんと見ていてくれる、そんな接客が嬉しい。

E さりげなく置かれたアート作品の数々。

➡もうひとつはツナとブラックオリーブをはさみ、シンプルに塩と胡椒、タイムとマヨネーズだけを加えて。

漆椀に注がれるスープは、季節の野菜を蒸し煮にして豆乳を加えてつくられます。この日はカボチャとジャガイモの滋味が体を優しくあたためてくれました。

手をかけながらも看板メニューとして掲げないのは、あくまで「喫茶店の気軽なサンドウィッチ」という位置づけだから。それはスイーツについても同じです。

店主の加賀谷夫妻は秋田出身。2000年前後の東京在住時代に数軒の洗練されたカフェに関わり、「美しさの基準をもつことの大事さや、その基準はそれぞれでいいんだなということを知りました」。

盛岡の冬の内省的な静けさ、人が心に秘めた熱さを好む二人の、美しい場所です。

shop DATA

岩手県盛岡市内丸16-16
時 11:00〜19:00
休 水曜日、第2・4火曜日
TEL 019-651-5375

ホットサンド＋サラダ＋ドリンク
1030円（税別）

もと洋傘店でカレーサンドを

BOTA coffee

Location
山形県山形市

06
Sandwich shop

A

D

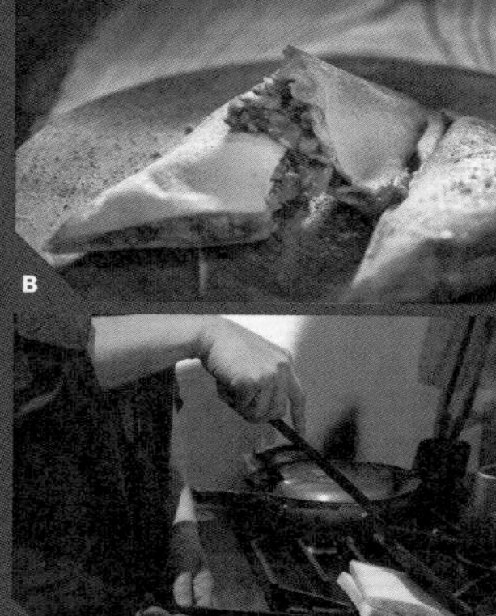
B

C

E

A 冬の収穫を盛り合せた焼き野菜のサラダ。
B キーマカレーをはさんで。
C 熱伝導の理想的な南部鉄器を使ってホットサンドを焼きあげる。
D ドライフラワーはcaruru製。
E この日は初雪が舞い、自家焙煎のコーヒーがいっそう深い味わいに感じられた。

まかないから生まれたサンドとスタッフが畑で育てる野菜

街を活気づける存在として注目を集めるこのカフェは、100年続いた洋傘店をリノベーションして誕生しました。人気のホットサンドは「ランチ用にカレーをつくっているんですが、スタッフがまかないでパンにはさんで『これうまいっすね』(笑)」というわけでメニュー入り。

店主、佐藤さんの祖母の畑を借りてスタッフが野菜を育て、店頭販売でも好評を博しています。とれたての味はぜひサラダで。

shop DATA

山形県山形市七日町2-7-18
時 12:00～22:00（月、水、木、金、土）／12:00～18:00（火、日、祝日）
休 年末年始、その他臨時休業あり（要確認）
TEL 023-609-9121

スクランブルエッグのホットサンド
620円(税込)

輝く湖畔でこんがりホットサンド

TARO CAFÉ

Location
福島県耶麻郡猪苗代町

07
Sandwich shop

サンドウィッチとコーヒーを求めて湖畔をドライブ

11月最後の朝、猪苗代湖畔は初雪。TARO CAFEめざして国道49号線をドライブする間に、一瞬、視界が真っ白になるほど吹雪きましたが、ほどなく太陽が顔をのぞかせました。とたんに猪苗代湖の湖面に薄金色の光が躍りはじめます。秋の終わりに湖のほとりに来ているという実感が、薪ストーブがあかあかと燃えるカフェをより頼もしい存在に感じさせます。

A トマトソースにトマトやキュウリをはさんだ「野菜のホットサンド」。
B スパムとチーズをはさんだホットサンド。
C 開放感たっぷりのサンルーム。目の前にひろがる白鳥浜には、晩秋になるとシベリアから白鳥の群れが飛来する。
D 自家焙煎のコーヒーはポットサービス。ドリンクメニューには季節に合わせたブレンドやシングルオリジンが並んでいる。

（上）光を反射する湖面。隣のテーブルのシニアたちが山の稜線を指さして、「あれが背炙り山」と名前を確認していた。
（下）晴れた日のサンルームは猫も喜びそうなぽかぽか具合。

雪のドライブの緊張がほどけたら、急に小さな空腹をおぼえた——そんな時にありがたいのが温かいサンドウィッチとコーヒー。3種類のホットサンドから、スクランブルエッグを選びました。

弱火でゆっくり加熱したスクランブルエッグは、ふんわりと優しい食感。国産小麦粉を使った自家製パンは、一晩ねかせるオーバーナイト発酵です。「甘くしすぎず、サンドウィッチの具に合うようシンプルにつくっています」とディレクターの越田さんがにこやかに教えてくれました。

カフェは湖畔にぽつんと取り残された廃屋を改修し、2002年にスタートしました。

E

G

F

E サンルームの隣はブラウンで統一されたセンスのいい空間。
F カナダ製の大きな薪ストーブは、秋から4月頃まで活躍する。
G 店内のそこかしこに設けられた本棚から、心ひかれる一冊を手にとってくつろぎたい。

オーナーの山田さんはグラフィックデザイナー。趣味で集めていた家具を活用してセンスのいい空間をつくりあげ、遠方からも多くのお客さまが訪れる人気店へ。店名は学生時代のニックネーム、野球漫画の主人公の名前からとられたのだそうです。すなわち、山田太郎。

カフェの周囲には蕎麦畑がひろがり、8月中旬から9月にかけて、湖を背景にして一面に小さな白い花が風に揺れるのです。遮るもののない素晴らしい眺望も、このカフェのごちそうのひとつです。

shop DATA

福島県耶麻郡猪苗代町
堅田入江村前704-3
時 11:00〜17:00
休 水曜日
TEL 0242-62-2371

ウミネコ商店

Location
福島県いわき市

08
Sandwich shop

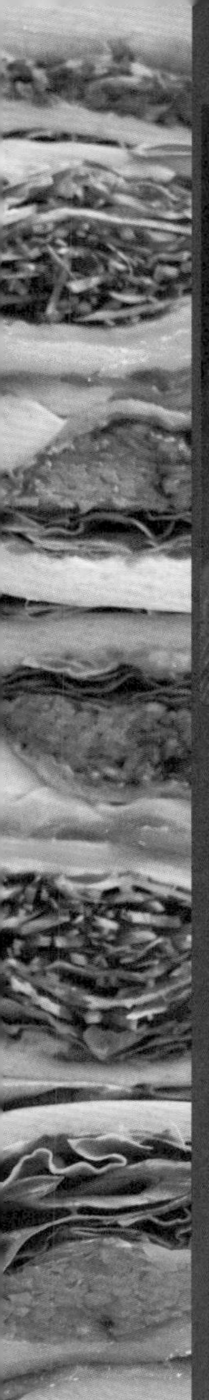

A 照り焼きチキンマスタードサンドと、飲めばフレッシュな風が吹き抜ける「パイナップルと丸ごとみかんのスムージー」。
B ウミネコクッキーは店主の高橋夫妻の娘さんが焼いている。
C 人気のメロンパンと、ずんだ／紅いも／つぶあんの3種類を添えたあんバターサンド。
D 店内には焼きたてのパンや、店主が毎月家族で通う沖縄のやちむん、琉球グラス、オリジナルの雑貨が並んでいる。

shop DATA

福島県いわき市
小名浜大原字富岡前100
時 9:00〜18:00
休 月曜日、火曜日
TEL 0246-51-7420

「おいしいものは美しいし、美しいものはおいしい」

一糸乱れぬベーコンの重なり。分厚いカツの断面。豊かな野菜の彩り。休日限定で登場するサンドウィッチは見事な「萌え断」です。店主の高橋さんが何よりも重視するのは、見た目にふさわしいおいしさ。「おいしいものは美しいし、美しいものはおいしい」を信条に、24時間、お客さまを喜ばせることで頭がいっぱい。

高級タマゴを使って試行錯誤を重ねた「意思の強いプリン」は、本当に最後のひと口まで倒れない固さです。自家焙煎するコーヒーといっしょにどうぞ。

日暮らしサンドウィッチ

Location
千葉県千葉市

09
Sandwich shop

A

B

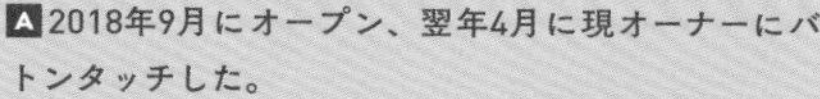

A 2018年9月にオープン、翌年4月に現オーナーにバトンタッチした。
B 甘いサンドウィッチとお惣菜系のサンドウィッチを組み合わせて2種類のおいしさを楽しむ人が多い。
C 店内にはアンティークの家具が並び、独特の風情を醸し出している。

C

サンドイッチの魅力は
具材の国籍を問わない自由さ

フルーツにはキャラウェイシード入りの黒糖パンを。かつおぶしと昆布、シイタケで出汁をとった厚焼きたまごには黒ゴマ入りパンを。はさむ具によって4種類のパンを使い分けるサンドウィッチ専門店。

オーナーは近くで多国籍料理店も営んでおり、日によってはサンドウィッチの具材にアジアやギリシャ、ハワイなどの料理が加わってお客さまを喜ばせます。

「街の人の暮らしに寄り添う八百屋さんのように、街のサンドウィッチ屋さんになりたい」とオーナー。いちごサンドに魅了されて通ってくる3歳の女の子をはじめ、老若男女に親しまれています。

shop DATA

千葉県千葉市中央区新田町15-1
ダイアパレス千葉新田101
時 08:00〜16:00
（パンがなくなり次第閉店）
休 月曜日、火曜日
TEL 043-306-9977

世にも麗しい自家農園のプレート

畑のサンドウィッチプレート　1180円
畑の野菜スープ　＋200円（税込）

一本杉農園

Location
栃木県鹿沼市

10
Sandwich shop

A 自家製スモークサーモンとクリームチーズを、しっとりしたカンパーニュにはさんで。畑の新鮮野菜の彩りが美しい。
B 具材とパンは組み合わせ自由。この日の具材はスモークサーモンの他に、自家製ハムとコンテチーズ、ポークソテーのノルマンディー風。パンはカンパーニュ、バゲット、リュスティック、コッペパン、フォカッチャから選べる。
C のどかな風景の中にぽつねんと佇む建物に、お客さまが次から次へと訪れる。

焼きたてのパン、とれたての野菜を盛り合わせて

「農園」と名乗るベーカリー&カフェ。店主の福田夫妻はパンを焼きながら、スタッフとともに店舗をとりまく農園で野菜を育てています。

畑の四季を雄弁に物語る野菜とサンドウィッチが盛り合された大きなプレートは、生命感が躍動する感動的な美しさ。

「パン屋めざして修行していた矢先に小麦アレルギーになってしまい、体質改善のために農業を始めたんです」と福田大樹さん。土を耕す暮らしの中で体調を回復し、現在は栃木県産の小麦を使って週に3日パンを焼き、大勢のファンを生みだしています。

D

E

F

D パンに使う小麦粉はすべて栃木県産。ゆめかおりを中心に、つながりのある無農薬栽培の農家から直接買購入。「少量ですが自分たちで栽培している小麦も使います」
E パンを見守るクマは彫刻家・古川潤さんの作品。
F クランベリーやナッツがゴロゴロ入ったハード系パンと、クリームチーズ入り天然酵母のくるみパン。

フランスのアンティーク家具や益子の作家の家具が並ぶ風情豊かな空間。窓枠はかつて学校の建物に使われていたもの。「近いうちに奥の壁を壊してウッドデッキを作り、『畑で食べる畑のパン』を楽しんでいただきたいと考えています」

shop DATA

栃木県鹿沼市西沢町380-2
時 09：30〜17：00
（カフェは11:30から）
休 月曜日、火曜日、水曜日、日曜日
（木、金、土曜日に営業）
TEL 080-3453-1205

カフェ「蒔時」を併設した築50年ほどの建物は、元は店主の福田大樹さんの祖父母が営んでいた蕎麦屋さん。カフェで提供されるメニューは、すぐ隣に畑がある環境ならではの臨場感に満ちています。

「たとえば今日の大根は白い根の部分を使っていますが、春先になると花が咲く。その花も大根の味がしておいしいんですよ。花が終わると種ができて、それも生で食べられます。花を摘んで10分後にはお客さまにお出しできる。お皿の中の四季や野菜の生命力を感じていただけたら」

カンパーニュは大きく焼き、カットして販売します。お客さまは自然に「同じ窯のパン」を分け合うこと、それが福田夫妻の願いなのです。

二人でシェアする美しいボリュームサンド

ハングリーナウ
2600円（税別）

&ima

Location
神奈川県横浜市

11
Sandwich shop

A 印象的な流木のキャンドルスタンド。
B バーニーズ　ニューヨーク横浜店のすぐ隣はマリンタワー。山下公園と港を出入りする船が見える、最高の眺望。
C 広々としたキッチンカウンター。
D 季節限定のフルーツサンド。

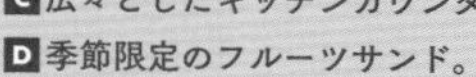

shop DATA

神奈川県横浜市中区山下町36-1
バーニーズ　ニューヨーク横浜店7F
時 11:00～19:00（L.O.18:30）
休 不定休のため要確認
TEL 045-227-4081

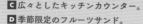

A　B

C

D

横浜港を見下ろして、フォトジェニックな時間を

バーニーズ　ニューヨーク横浜店の最上階は、「&ima－写真を楽しむ家－」。フロア全体を1軒の家に見立て、スタジオ、リビング、キッチンの3つのスペースで写真にまつわる体験を楽しませてくれます。

キッチンにあたるカフェで人気を博しているのが、代官山の「キングジョージ」監修のフォトジェニックなサンド。白いセサミブレッドと黒いダークライブレッドの間に、スモークターキーとシャキッとした野菜をはさんだその姿もまた1軒の家のよう。風味、ヘルシーさ、ボリューム。満点です。

キング オブ サンドイッチ
2980円(税別)

Bakery & table Hakone

Location
神奈川県足柄下郡箱根町

12
Sandwich shop

A 箱根の標高に負けない、パンとお肉の標高！　断面迫力に見とれてしまう。人気の自家製フルーツティーはポットとウォーマーがテーブルに運ばれる。
B 自然光がふんだんに射しこむ3階オープンキッチン・レストラン。

芦ノ湖の眺望と キング オブ サンドウィッチ

箱根・芦ノ湖のほとりに建つ3階建ての絶景ベーカリー＆レストラン。1階のベーカリーのテラスは、足湯をしながらパンとコーヒーを味わう開放的な楽しみかたも可能です。2階はイートインのカフェ、そして3階には魅惑のサンドウィッチの数々が待ち受けています。カウンター席に座ればきっと3度、驚きに目をみはるはず。

大きな窓一面に広がる空と芦ノ湖。なんて素晴らしい眺望！　それが最初の驚きです。メニューを開けば、国産牛のサーロインステーキを贅沢にはさんだサンドをはじめとして、オマール海老や甘鯛、キャビアなどのシーフードで彩られたオープンサンド、そして「キングオブサンドイッチ」と名づけられた、お肉も野菜もたっぷりの一皿が目くばせしてくるのです。

C サンドウィッチに合わせて1階ベーカリーでつくられる食パンは全粒粉入り国産小麦粉を使用。
D 地元産の野菜もたっぷり。
E ステーキは鉄板で表面を焼き、少し休ませて肉汁をとじこめる。
F 慎重に積み重ねていく。

窓に芦ノ湖の絶景がひろがる。

完成直前のサンドウィッチ。週末は特ににぎわうので予約がおすすめ。

2度目の驚きは、カウンターに立つシェフの手ぎわの良さ。目の前で食パンを均等な厚さにスライスしていく、迷いのないナイフさばきに視線が釘付けになるのです。

そして3度目の驚きは、完成したサンドウィッチのダイナミックな威容。目をみはる標高20cm！　箱根登山電車の駅の発車メロディ、箱根の山は天下の険♪が脳裏によみがえります。

具は鉄板で焼いた国産牛もも肉ステーキ、厚切りベーコン、野菜。たっぷり添えられたサラダは、箱根山のふもとを彩る森のよう。どの方向から「登山」を楽しみましょうか。

shop DATA

神奈川県足柄下郡
箱根町元箱根9-1
時 11:00〜18:00（L.O.17:00）
休 なし
TEL 0460-85-1530

クロワッサンサンド
500円（税込）

進化するホステルのカフェで一息

BERTH COFFEE

Location
東京都中央区

13
Sandwich shop

A

B

C

D

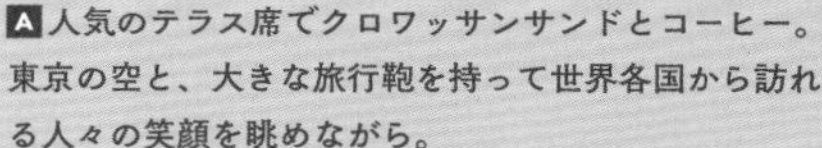

A 人気のテラス席でクロワッサンサンドとコーヒー。東京の空と、大きな旅行鞄を持って世界各国から訪れる人々の笑顔を眺めながら。
B 愛犬を連れた常連客どうしが気軽に挨拶を交わし、バリスタも談笑に加わる素敵な光景。
C・**D** 音響にこだわった地階のダイニングバーではDJイベントも。昼間はカフェとして利用可能。

洗練されたホステルのカフェで コーヒーもパンもこだわって

いいコーヒー、いい空間、いい音があればサンドウィッチの魅力は3倍にふくらむ。それを実感させてくれるのが「BERTH COFFEE」。海外からの旅行者にも大人気のホステル「CITAN」のエントランスに設けられ、宿泊客にも街の人々にも気持ちのいいコーヒータイムを提供しています。

焼きたての軽やかなクロワッサンに、ベーコンとトマト、レタスをサンド。マルゾッコのマシンで抽出するラテやドリップコーヒーは定番ブレンドのほか、ゲストロースターとして全国の気鋭のロースターのシングルオリジンを揃え、コーヒー好きのお客さまを喜ばせています。

shop DATA

東京都中央区日本橋大伝馬町15-2
時 8:00〜19:00
休 不定休のため要確認
TEL 03-6661-7559

小海老のカツレツサンド
1200円(税込)

銀座木村家

Location
東京都中央区

14
Sandwich shop

A 2階の喫茶ではコーヒーまたは紅茶といっしょに「あんぱんセット」もいただける。
B 銀座本店は上階に工房を設けており、1階売り場には毎朝、職人たちの手づくりのあんパン各種が並んでほんのりと湯気を上げる。
C 桜の花の塩漬けをのせた桜あんぱんは明治天皇のお花見の茶菓子として献上するために考案され、季節感を添えたおいしさが両陛下を喜ばせた。その日を記念して4月4日は「あんぱんの日」に認定されている。
D 銀座の中心、中央通り4丁目を見下ろす喫茶室。

A

B

C

D

銀座で30年近く愛されてきた上等の海老カツサンド

衣の中にぎっしり詰まった小海老が、ほんのり朱色に輝いています。その旨みとぷりぷりの食感は、香ばしくトーストしたパンと最高の相性。海老カツを美しく作る秘訣は、セルクルに贅沢にも10尾を隙間なく詰めて、型崩れを防ぐためにー度冷たくしてねかせてから揚げることだそう。

あんぱんの元祖として150年以上の歴史を歩んできた木村屋。銀座4丁目に建つビルの1階は、伝統の酒種あんぱんや各種のパンを買い求めるお客さまで常時にぎわっています。米・麹・水で発酵させる製法は、明治時代に創業者が酒まんじゅうをヒントに、「もっと日本人の口にあうパンを」と工夫したのが始まり。次世代に良いものを受け渡すために、昔ながらのレシピと酒種を守り続けています。

平松洋子さんの名エッセイ『サンドウィッチは銀座で』にも活写された小海老のカツレツサンドは、2階の喫茶室でどうぞ。

shop DATA

東京都中央区銀座4-5-7
時 10:00〜21:00
休 年中無休（大晦日、元旦を除く）
TEL 03-3561-0091

自家製ガランティーヌサンド
730円(税込)

あっさりヘルシーなガランティーヌ

東向島珈琲店

Location
東京都墨田区

A

B

C

D

粒マスタードまで自家製！ ヒガムコならではのおいしさ

トーストしたパンの中から、あっさりした上品なお肉の風味がひろがるサンドウィッチ。断面を彩るガランティーヌは、鶏もも肉で豚ひき肉を巻き、きれいな薄ピンク色に茹でた自家製です。

ものづくりの街である墨田区を愛し、街の人々にも愛されている珈琲店は、ここでしか味わえないこまやかな手仕事に創意工夫を凝らしてきました。ぴりっとした粒マスタードも、手間をかけてキッチンで仕込んでいます。

A 「ハムサンドが食べたい」というお客さまのリクエストに応えつつ、市販のハムをはさむだけでは面白くないと、手づくりのガランティーヌを完成させた。
B 季節のジャムをのせた名作レアチーズケーキ。遠方からわざわざ食べに訪れるお客さまも多い。
C ものづくりをする人々が集まる交差点のようなお店。
D 写植文字のディプレイ。失われていく文化を残したいと、活版印刷の体験イベントも開催していた。

shop DATA

東京都墨田区東向島1-34-7 1F
時 8:30〜19:00（月、火、木、金曜日）
／8:30〜18:00（土、日、祝日）
休 水曜日、第2・4火曜日
TEL 03-3612-4178

ピーナッツバターチキンのサンドイッチ
柿とキャラメルクリームのサンドイッチ
各600円（税込）

古本屋＋サンド＋コーヒーの幸せ

サンドイッチ 小屋

Location
店舗なし

16
Sandwich shop

A

A 常連のお客さまのひとりは、笑顔の素敵な音楽家の男性。
B この日の具材は、「よのなか」というピーナッツバター工房の大きな粒入りピーナッツバターを使ったチキンと、柿とキャラメルクリームの2種類。自家製のキャラメルと生クリームを合わせ、砕いたアーモンドを加えている。
C 秋房夫妻と古書店主人。

B

店舗を持たずに活動するサンドウィッチ屋さん

ある晴れた週末。個性的な品揃えの古書店＆ギャラリー「タナカホンヤ」に、街の人々がサンドウィッチを買いにやって来ます。イベントを中心に出店する秋房千陽さんは、月に1度、タナカホンヤに3種類のサンドウィッチを並べて「サンドイッチ 小屋」の小旗を掲げます。毎月楽しみに待っていてくれる常連さんが多く、店先で優しい交流が生まれています。

黙々と作業するのが好きな性格で、「サンドイッチをつくるという作業がとても好き」と秋房さん。「本を読みながら食べることもできるし、古本との相性も良いですね」

C

shop DATA

店舗なし、各地のイベントに出店
時 イベント販売のため、不定
休 不定休
TEL なし。予約・問い合わせ受付：
http://instagram.com/sandwich_coya

17

Sandwich shop

café 1886 at Bosch

Location
東京都渋谷区

お肉を熟知した達人のグルメサンド

café
1886
at Bosch

スラバ　870円
パストラマ　1520円(税込)

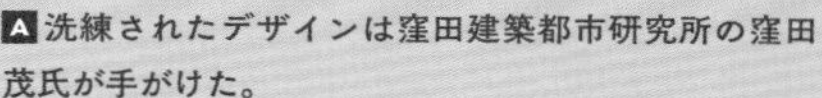

A 洗練されたデザインは窪田建築都市研究所の窪田茂氏が手がけた。
B 注文カウンターの背後にはボッシュが歩んできた歴史を物語るアーカイブをディプレイ。
C 2015年、渋谷のボッシュ本社ビル1階にオープン。近隣で働く人々を中心に愛用されている。
D 「パストラマ」は雑穀ローストオーツブレッドにパストラミビーフを豪快にはさんだ、和知シェフのファンが大喜びの一皿。

肉料理の名店「マルディグラ」シェフ監修のドイツ的美味

ドイツ企業ボッシュが本社ビル1階に開いたカフェでは、ドイツの食文化をベースに、日本人の舌に合うよう工夫を凝らしたサンドウィッチの数々が楽しめます。いずれも高品質を追究する企業の理念に沿ったおいしさ。「スラバ」は黒いライ麦パンにオーバクライナー（ドイツのソーセージ）、マッシュポテトとザウアークラウトをはさみ、見た目にも美しく構築した一品。骨太な肉料理を得意とするフレンチの名店「マルディグラ」の和知徹シェフがレシピを監修しています。ライ麦パンは「ブーランジェリーレカン」の割田健一シェフが考案した、ほどよい重みと柔らかな酸味をもつオリジナル。

shop DATA

東京都渋谷区渋谷3-6-7
時 8:30～20:00（月～金曜日）／11:00～19:00（土、日、祝日）
休 不定休のため要確認
TEL 03-6427-3207

元寿司職人の技が冴える逸品揃い

すしやの玉子サンド
450円(税込)

CAMELBACK RICH VALLEY

Location
東京都渋谷区

18
Sandwich shop

A

B

C

A テイクアウト主体の小さな店舗。店名の「リッチバレー」は富ヶ谷を英訳したそう。1号店は2014年末に渋谷・神山町にオープンした「キャメルバック サンドウィッチ&エスプレッソ」。
B 新作はカタネベーカリーの極上バゲットを使ったバインミー。
C キャメルバックを一躍有名にした玉子サンド。

絹の舌触り！　職人の超絶技巧を味わう

うっとりするほどすべすべした赤ちゃんの肌を思わせる、気泡も焦げもない完璧な玉子焼き。もちもちした「桑名もち小麦」と北海道産小麦を合わせた、ちょっと不思議な食感のパン。上等なフランス産無塩発酵バターと和カラシが玉子焼きとパンを連結して、バランスのとれた見事なサンドウィッチが完成します。

寿司屋で厳しい修業を重ねた店主・成瀬隼人さんが銅板でつくる玉子焼きは、断面を見ても一見、卵液を巻いてつくったとはわからないほど隙間なくきめこまやかで美しいのです。秘伝のひとつは余熱で火を通していくことなのだそう。

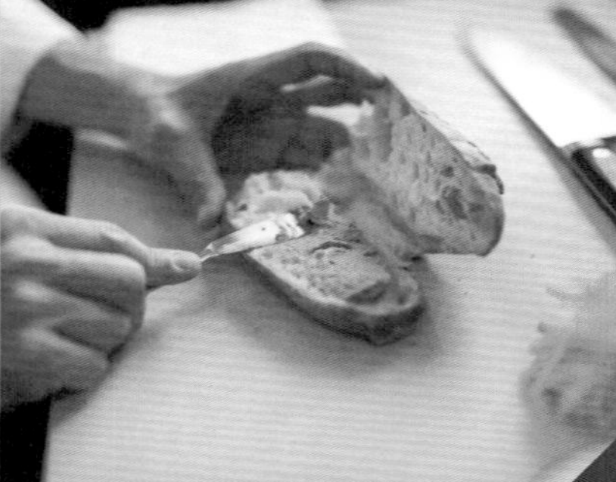

D 自家製鶏レバーペーストとコッホシンケンハムのバインミーサンドウィッチ　800円。
E 白木のまな板の上は整然として美しい。
F 試作して豚より鶏を選んだレバーペースト。
G 甘いソースをのせたら、食べ飽きないようミント、パクチー、ディルを順にトッピング。

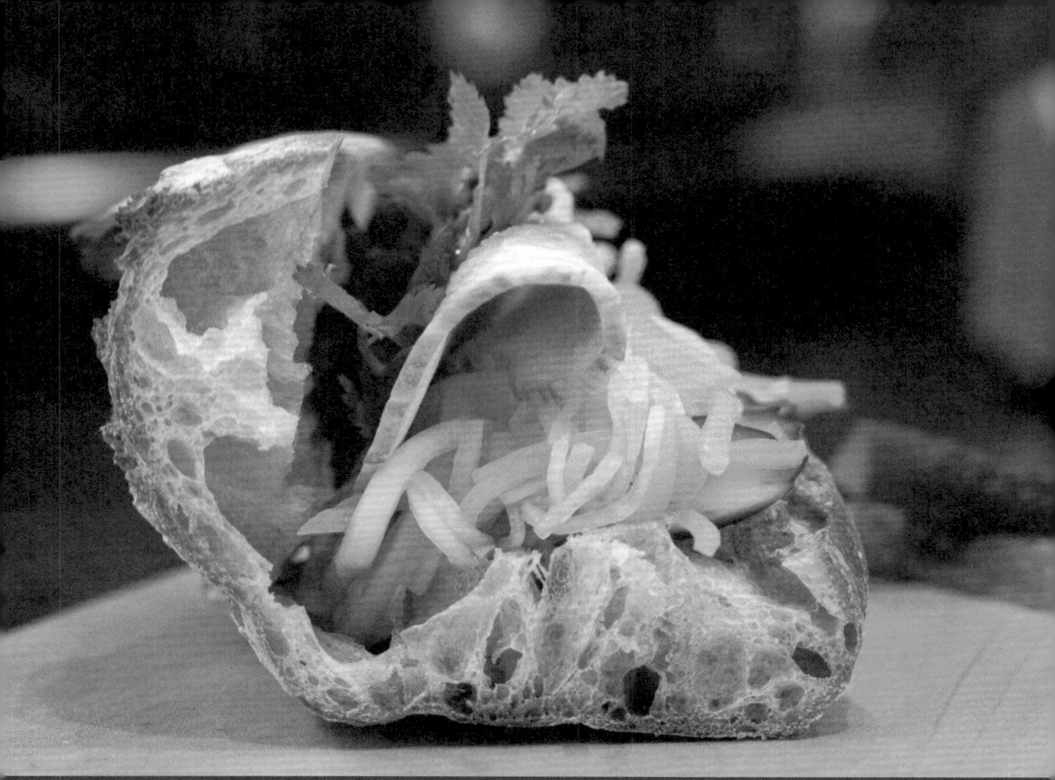

敬愛するベーカリーの職人が焼き上げた、味、香り、食感のすべてにおいて「セクシーな」バゲット。その魅力をもっと多くの人に知ってもらうために、愛のこもったサンドウィッチをつくる。

shop DATA

東京都渋谷区富ヶ谷1-9-23
時 10:00〜16:00
休 月曜日
TEL 03-6407-9969

新登場の傑作バインミーにも緻密な計算が光ります。「本来は屋台の気軽な食べ物だからざっくり作るのが正解」と成瀬さん。されど、野菜の甘みを活かした上品な鶏レバーペーストとハム、カタネベーカリーのぱりっとした素晴らしいバゲットを組み合わせたこのバインミーをひとたび味わってしまったら、これこそが正解を超えた正解！と感激せずにはいられません。

パンと具材の関係は、シャリと寿司ネタの関係と同じ、と成瀬さんは語ります。「修業中に教わった大切なことは、いかにシャリをおいしく食べていただくか。サンドウィッチも具材にフォーカスされがちですが、パンをおいしく召し上がっていただけることが重要なんです」

19

Sandwich shop

bricolage bread & co.

Location
東京都港区

「アリスの目玉焼き」をのせて

アリスの目玉焼きのエッグベネディクト
沖縄豚のハムとアボカド　オランデーズソース1700円(税込)

A

B

C

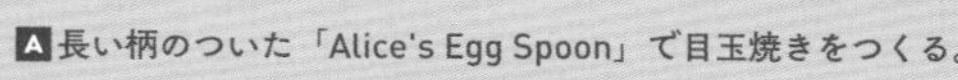

A 長い柄のついた「Alice's Egg Spoon」で目玉焼きをつくる。
B ショーケースに並ぶ国産小麦粉のパン。
C 親子が真剣な表情でパンを選んでいた。

3名店のコラボが生みだす、価値ある日常

緑したたるケヤキ並木の木陰のテラスに、風の心地よさに目を細めながらパンと料理とコーヒーを楽しむ人々の姿があります。ここは大阪のブーランジュリー「ル・シュクレクール」、ミシュラン二つ星に輝く東京のフレンチレストラン「レフェルヴェソンス」、ノルウェーに本店をもつコーヒーロースター「フグレン」という魅力的な3店のコラボレーションによって生まれた、豊穣なパンの文化を体感できる場所。内装や食器、カトラリーなどすべてにオーナーの思想が貫かれています。

クロックマダムとコーヒー
1200円（税込）

この世界の中心的存在は、全粒粉の国産小麦粉を使って焼きあげるパン。そこに料理とコーヒーがぴたりと寄り添います。

エッグベネディクトは、どっしりしたカンパーニュの上に、大きな沖縄豚のハムがあふれ、アボカドと自慢の目玉焼きの上にオランデーズソースがとろける一皿。

厨房ではアリスのエッグスプーンと呼ばれる長い柄つきの玉子焼き器が活躍しています。これはバークレーのレストラン「シェ・パニーズ」を率いるアリス・ウォータースが考案したもの。ブリコラージュの世界観には、オーガニック料理の母と呼ばれる彼女への共感も含まれているのです。

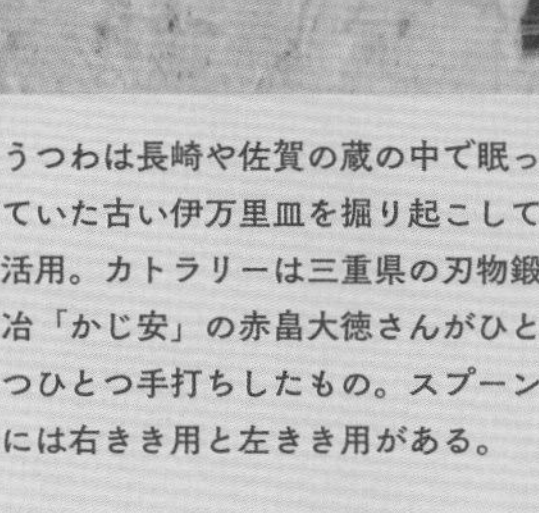

うつわは長崎や佐賀の蔵の中で眠っていた古い伊万里皿を掘り起こして活用。カトラリーは三重県の刃物鍛冶「かじ安」の赤畠大徳さんがひとつひとつ手打ちしたもの。スプーンには右きき用と左きき用がある。

shop DATA

東京都港区六本木6丁目15-1
けやき坂テラス 1F
時 08:00〜21:00
休 月曜日
TEL 03-6804-3350

20

Sandwich shop

uneclef

Location
東京都世田谷区

カンパーニュの滋味に開眼する一品

ローストポークと
ブラウンマッシュルームのサンドウィッチ
600円（税別）

A

B

C

A「ユヌクレブルー」という言葉が浮かんでくる美しい青色の壁に、自家製酵母を使用したカンパーニュが並ぶ。サンドウィッチに使われるのはこちらのパン。
B午前中はみずみずしいフルーツデニッシュ、お昼からはお惣菜パンが勢ぞろい。
C緑の揺れる窓辺に小さなカフェスペース。おいしいコーヒーといっしょにイートインできる。

「家族と行った喫茶店のサンドウィッチが好きで」

そんな記憶を話してくれたパン職人のお店には、見ているだけで幸福に包まれるようなパンの数々が並びます。華やかなデニッシュや総菜パンを選ぶ人が多いなか、カンパーニュなどのプレーンなパンも味わってほしいとの思いからサンドウィッチを提供しています。

この日の具材は、ローズマリーなどハーブを利かせたローストポーク、ブラウンマッシュルームと赤タマネギ。ハーブとブラックオリーブの香るオリーブソースが、柔らかなポークの旨みを引きたてます。

shop DATA

東京都世田谷区松原6-43-6 A101
時 9:00〜18:00
（イートイン：9:00〜L.O.17:00）
休 火曜日、水曜日、第1、3月曜日
TEL 03-6379-2777

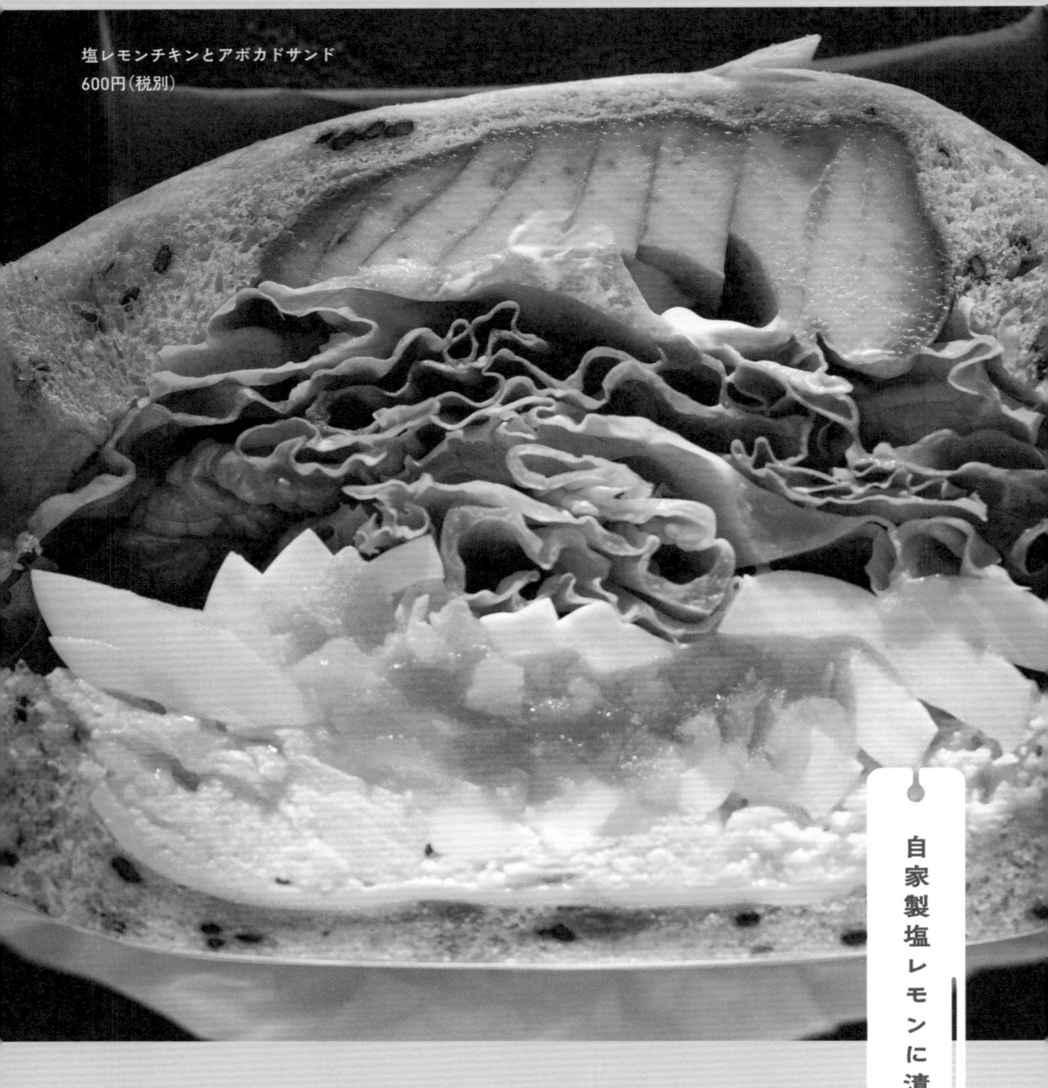

塩レモンチキンとアボカドサンド
600円(税別)

自家製塩レモンに漬けた鶏肉の旨み

Sandwich & Co.

Location
東京都世田谷区

21
Sandwich shop

A 食事系サンドウィッチと小ぶりなフルーツサンドの組み合わせを楽しむ。
B 陽光が揺れるテーブル席。
C ベビーカーを押して来店するお客さまも多い、ゆったりしたスペース。
D クラウドファンディングで支援してくれた人々の名前が壁に並んでいる。

食材はすべて「自分の子どもに食べさせられるもの」

店主の鈴木沙織さんは生粋のサンドウィッチ好き。会社員時代に毎日サンドウィッチのお弁当を作り、モチベーションを保つためにインスタグラムに写真をアップ。彩りや栄養バランスに気を配るうちにいつしか見事な「萌え断」が完成していました。クラウドファンディングを成功させたお店には、自家製の塩レモンに漬けて低温調理したチキンとアボカドなど、ヘルシーで栄養満点なサンドが勢揃いしています。

shop DATA

東京都世田谷区弦巻5-6-16 103
時 11:00開店、売り切れ次第閉店
休 日曜日、月曜日
TEL 電話情報なし

3種のチーズがとろけるステーキ

フィリーズチーズステーキ・
サンドウィッチ　1890円（税込）

DAY & NIGHT

Location
東京都渋谷区

22
Sandwich shop

A 店内に入ると真っ先に視界に入る黒板や、窓の洒落たアートワークはCHALKBOYが手がけた。アメリカの古い家具や雑貨を配した空間に、ブルックリンのような空気感がカフェの空気感が漂う。
B 新鮮な野菜もふんだんに添えられた一皿。

NYテイストが香る、極上のアメリカンサンドウィッチ

白金の高架近くの小さな三角ビルに、かつて40年近く営業を続けてきた街のパン屋さんがありました。閉店後、その跡地にオープンしたのがサンドウィッチとコーヒーとビオワインのお店「DAY&NIGHT」。オーナーの守口駿介さんはすぐ近くでグルメバーガーの名店「バーガーマニア」を経営しています。

C クラシカルな雰囲気のエントランス。
D ちょっと不思議な三角形のホール。
E 前身のパン屋さんの窓を残して。
F いかにもニューヨークらしいサブウェイタイル。

ブルックリン界隈の小さな飲食店文化を愛する守口さん。開店前にもデザイナーと渡米して現地のリアルな空気感を持ち帰り、パン屋さん時代の窓を残しつつリノベーションをおこないました。ディテールまでこだわって生まれたのは、ニューヨークの街角の日常を思わせる風景。

「小さなお店だから可能な限りなんでも自家製で」というサンドウィッチは、つくりたての温かい状態で運ばれてきます。名物のひとつは、フィラデルフィア発祥のフィリーズチーズステーキ。リブロースのステーキを薄くスライスし、グリルしたオニオンに、モツァレラ、チェダー、パルミジャーノ・レジャーノの3種類の風味豊かなチーズをのせて。湯気のあがる断面をひと口かじると、チーズがとろり、糸をひくのです。たっぷり添えられたサラダのベビーリーフは、朝一番に収穫されたフレッシュな産地直送。

CHOLKBOYが手がけた黒板アートが店内の印象を決定づけている。

近隣の人々は朝・昼・晩の時間帯ごとにうまくお店を使い分けており、ONIBUS COFFEEの豆を使ったコーヒーをテイクアウトするために立ち寄る人もいます。

「人に喜ばれる空間をつくりたいというのが僕の原点」と守口さん。大病を患った常連客が退院後すぐに「安心しておいしいものが食べたくて」と駆けつける。そんな嬉しいシーンが、DAY&NIGHTの日常に幾つもちりばめられています。

shop DATA

東京都渋谷区恵比寿2-39-5
時 9:00〜11:00（モーニング）、11:00〜16:00（DAY）、16:00〜22:00（NIGHT）（L.O.21:00）
休 不定休
TEL 03-5422-6645

coffee break

01

サンドウィッチとはなにか?

具をパンの間にはさんだもの、というのがシンプルきわまりないサンドウィッチの定義。これにて一件落着と言いたいところですが、具をはさまずパンの上にのせた「オープンサンド」、フランス式にいえば「タルティーヌ」もサンドウィッチの一種です。

そうすると、サンドウィッチとはパンと具がレイヤーになったものと考えることができるでしょう。しかし、本書をつくるにあたっては、また別の問題が発生しました。

はたしてハンバーガーはサンドウィッチなのか? ホットドッグは? パニーニは?

理論上はすべてYES。

でも、もしも日本のどこかの街角で喫茶店に入って「サンドウィッチをくださ

い」と注文したとき、厨房からハンバーガーやホットドッグが運ばれてきたら、たいていの人は注文を間違えられたと思うのではないでしょうか。

そのような理由で、本書においては「ハンバーガーとホットドッグはサンドウィッチではない。ただし、パニーニはイタリア式サンドウィッチとして扱う」という特別ルールを設けました。

「ちょっと待って。それなら168ページのハンバーガーは?」と疑問を抱く人もいるかもしれません。じつはそれ、サンドウィッチなのです。

サンドウィッチとハンバーガーの違いは「パンかバンズか」と思われがちですが、肝要なのは具の違い。アメリカでは牛肉のパティ（つまりハンバーグ）をはさんだものをハンバーガー、それ以外の具はサンドウィッチと呼び分けることが多いのです。アメリカのBBQ料理の定番プルドポークをはさんだ168ページの一品も、お店のメニューにサンドウィッチと書かれていました。

ややこしいのがパニーニ問題。

「イタリアの人はパニーニとサンドウィッチを区別しています」と、112ページでご紹介した「ポルトパニーノ」の店主から衝撃的な言葉を聞きました。

「イタリアの伝統的なパン、たとえばチャバタなどに具をはさんだものがパニーニ。日本人が思い浮かべるサンドウィッチ、つまり薄切りの食パンに具をはさんだものはトラメッツィーノと呼びます」

知れば知るほどややこしくなるサンドウィッチ問題。ちなみに、パニーニは焼いても焼かなくてもパニーニなんですって。

鶏そぼろ／チーズ／
目玉焼きのサンドウィッチ
800円（税込）

下北沢で生きる楽しさをサンド！

sandwich club

Location
東京都世田谷区

23
Sandwich shop

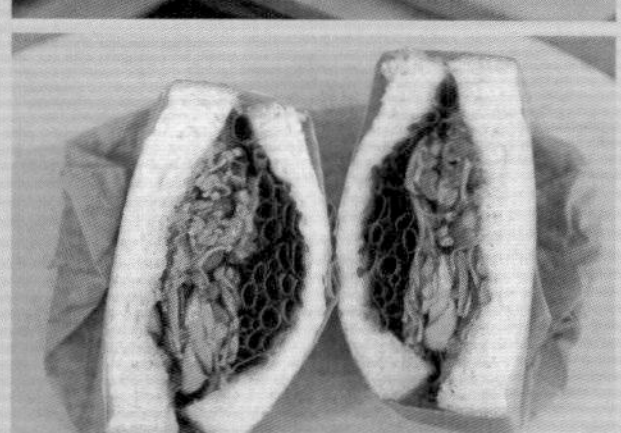

A サンドウィッチのメニューは10種類ほど。「なるべく知り合いが作っている、信頼できる食材を」と、上北沢「Stay Free Bakery」の甘さをひかえた天然酵母パンや、埼玉県で店主と同世代の女性が営む養鶏場の平飼いの卵を使用。
B 飾らない笑顔が魅力的な山口さん。「つくっている間、お待たせしてしまうので、テイクアウトのお客さまともなるべく言葉を交わしたいと思っています」
C 赤ちゃん連れのお母さんたちにも親しまれるお店。コーヒーは山口さんが通っている「Little Nap COFFEE ROASTERS」の豆を使用。

ご近所の日常に溶けこむ サンドウィッチとコーヒー

細い路地のつきあたり、ガラス張りの小さなサンドウィッチ店には、出社前に、あるいは仕事終わりに、自分のスタイルでサンドウィッチを楽しむ人々の姿があります。明け方まで働いていた下北沢のお店のスタッフもここでリラックス。みな、ひとりでお店を切り盛りする店主・山口結さんの気さくな笑顔にほっとしているようです。ご近所のシニアもさし入れにやって来る、そんな素敵な路地の光景。

shop DATA

東京都世田谷区北沢2-12-2
時 8:00〜17:00
時 木曜日
TEL 非公開

24

Sandwich shop

JULES VERNE COFFEE

Location
東京都杉並区

断面のアート。光輝くフルーツサンド

とちおとめのフルーツサンド　700円（税別）
秋のミックスフルーツサンド　700円（税別）

A 高脂肪乳のクリームに、旬のみずみずしいフルーツを並べて。秋のミックスフルーツサンドの断面には、いちじく、みかん、メロン、シャインマスカットが顔をのぞかせる。夏にはマンゴーが登場。
B 奥の部屋のカウンター席は、コーヒーと読書で時間を過ごすのにぴったり。

自家焙煎店ならではの風味際立つコーヒーとともに

高円寺の線路沿い、旧JR東日本の社宅をリノベーションしたマンションの1階に、SFの父として知られるフランスの作家の名前を冠したスペシャルティコーヒーロースター&カフェがあります。この空間ではデジタルな情報を手放し、想像力と感受性を羅針盤にしてコーヒー＋αの時間旅行を楽しんでほしい——そんな願いを込めた「ジュールヴェルヌコーヒー」。

店主の小山彰一さんは、焙煎技術を競うローストマスターズ・チャンピオンシップの優勝経験をもつ実力派です。理想とするのは、コーヒーの勉強をしていない人が飲んでもおいしく感じるコーヒー。

C 広い芝生に面した空間を天体のオブジェが彩る。
D 2007年に茨城県で「太陽と月の珈琲カミノカフェ」をスタート。2017年にジュールヴェルヌコーヒーをオープンした。
E エッフェル塔の上にある人気レストランの店名も「ジュール・ヴェルヌ」。
F 俳優としてのキャリアもある小山彰一さんと、奥さまの亜希子さん。

大人気のフルーツサンドは、奥さまの亜希子さんとの共作です。試食を重ねて選んだきめのこまかいふんわりしたパンに、亜希子さんが高脂肪乳の生クリームと季節の果物を対角線上にバランスよく配置し、彰一さんが三角形にカット。その断面の美しさに息をのんでしまうのです。ぴしっと鋭角的なパンの稜線。均等に並んだ果実の彩り。まるで光を発しているような高貴な一皿です。

武士が刀で切っているのでは……そんな冗談もささやかれる断面は、どうやってつくるのでしょう?

フルーツサンドは平日は限定30食、週末は40食。行列して待たなくてもすむように、開店15分前にお店の前の順番表に名前を記入する方式。

shop DATA

東京都杉並区高円寺北4-2-24 A106
時 11:30〜17:00
休 月曜日、火曜日
（他に臨時休業あり）
TEL 03-5356-9810

「ナイフは毎日研いで、カットするときに湯せんして温めています」と、彰一さんが秘訣を教えてくれました。

高脂肪のクリームをなるべく軽やかに食べてほしい。そんな思いから、亜希子さんは果物に合わせて泡立てる固さを変えていますが、彰一さんから果実の水分量も考慮して調整するようリクエストが入ったりするのだそう。

細部まで心のこもった名品を前にして、海底二万マイルのページをめくった子ども時代のように胸は高鳴るのです。

豚肉の甘辛焼きバインミー　700円(税別)
シウマイのトマトソースバインミー　750円（税別）

ベトナムのバインミーは自由

ECODA HEM

Location
東京都練馬区

25
Sandwich shop

A 大根とニンジンのなますは、味がしみ込みやすいようひと手間かけてギザギザをつけてカット。
B XIU MAI（シウマイ）と呼ばれるミートボールは、潰してからパンにはさむのがベトナム流。
C 昔ながらのベトナムの路地を思わせる、鮮やかな色彩空間。
D テイクアウト用はカラフルなベトナムのカレンダーでラッピング。

先入観をもたず、未知の楽しさを

ベトナムの食文化に魅了され、長年通いつづけている足立由美子さんのベトナム料理食堂には、2か月ごとに個性的なバインミーが登場します。

「パンの具はごはんのおかずと共通」と足立さん。なるほど定番の豚肉の甘辛焼きバインミーも、具をごはんにのせてもおいしそう。「ベトナムの人は食に対して好奇心旺盛で固定観念にとらわれない。行くたびに新しい料理に驚かされます」 そんな現地の躍動感が伝わってくるおいしさです。

shop DATA

東京都練馬区旭丘1-74-9
時 12:00～17:00
（売り切れの場合早期閉店も）
休 火曜日、水曜日
TEL 03-3953-0021

KLTサンドウィッチ
360円（税込）

ポーランドの伝統菓子が変身

ポンチキヤ

Location
東京都調布市

26
Sandwich shop

A ポーランドの旧市街には、古い建物を使った素敵なカフェが多いという。そんな記憶から生まれた、魅力いっぱいの空間。
B アンティーク家具が映えるサーモンピンクの壁もポーランド風。
C ショーケースに並ぶポンチキ。フィリングは自家製の薔薇ジャムやラズベリー、チョコレートなど。どれを選んでも後悔しないおいしさ。

ドーナッツ生地を使った ユニークな逸品

ポンチキとはポーランドの日常に根づいた伝統的ドーナッツ。サーモンピンクの壁が愛らしい店内に、店主の坂元さんが1個ずつグラム単位で計量して軽やかに揚げる、ふわふわのポンチキが並びます。

ポンチキ生地のサンドウィッチも考案。KLTのKとはポーランドのソーセージ「キェウバサ」のこと。ショパンを通してポーランドに惹かれ、留学したという坂元さんの案内で、空想旅行に出かけましょう。

shop DATA

東京都調布市菊野台1-27-20
時 11:30〜16:00／17:00〜20:00
休 水曜日、木曜日
TEL 電話情報なし
（メールドレス：paczki@saka-fuku.com
より問い合わせ可）

手で食べるという原始的な喜び

パルマ産生ハムと
グリュイエールチーズの
リュスティックサンド
1,000円(税込)

sens et sens

27
Sandwich shop

Location
東京都町田市

A 研ぎ澄まされたシンプルな構成が、唯一無二の感動を呼び起こす。
B 自然光の射すカフェは不定期営業。原則として一人で訪れること。写真は1品につき2枚以内におさめて。公式サイト（sensetsens.jp）で営業日程と利用のルールを理解してからどうぞ。
C 野菜サラダの配置にもセンスが光る。

緻密な計算、洗練の極みを原始的に堪能する

サンドウィッチは手で、サラダはお箸でお召し上がりくださいという設定。自家製リュスティックを使ったこのサンドウィッチは、手で持って食べるからこそおいしい形状や厚み、食感を緻密に計算してつくられているのです。

最初に指先で感じるパンの肌。鼻先でとらえる香り。唇に触れ、歯で噛みちぎる感触。歯切れの良さ。その官能を楽しんでほしいと菅井さんは語ります。そのために、➡

D 自家製リエットのカンパーニュサンド。
E 作家のうつわや食材も購入可能。
F 日によってさまざまなスイーツ並ぶ。

➡ 隣りあう具材の塩気と甘み、温度の影響を精密にコントロール。リュスティックの甘みの上に室温に戻した生ハムを置き、冷たいカルピスバターの薄切り、少し温度を戻したグリュイエールチーズを順に重ねます。なぜ、チーズは生ハムとバターの中間の温度にするのでしょう？

「キンキンに冷たいより味を感じやすい。でも、あまり温度を戻しすぎると油分を感じてしまう。油は生ハムとバターのほうに充分に含まれているのです。また、チーズを室温まで戻すとバターが軟化するのが早くなってしまいます」

さらに、具材を重ねる順番にも意味がありました。強い塩気をもつ生ハムとチーズ。その間に甘みを感じる無塩バターをはさむことで、舌が連続して塩気に触れないように調整しているのです。

一般的なレシピでは「バターをパンに塗るのは、具材の水分が染みこむのを防ぐた

レーズン酵母のカンパーニュが感じさせる麦と酵母の甘みに、あめ色玉ネギをたっぷり練りこんだリエットの甘みが重なり、複雑な甘みを楽しませてくれる。

め」と説明されており、私たちは何の疑問も抱かずにそれを受け入れていますが、このサンドウィッチは意志と確かな理論をもって既成概念を打ち破り、このカフェでしか味わえない官能的な一皿に昇華されています。原始的な喜びのための精密な技術。すべては豊かな甘みをもつリュスティックが存在するからこそ実現可能なこと。腕のたつパン職人の技術と愛が結晶化したサンドウィッチです。

shop DATA

東京都町田市つくし野1-28-6
時 不定のため要確認。ウェブサイト（sensetsens.jp）にて通知。
休 不定のため要確認。
TEL 042-850-5909

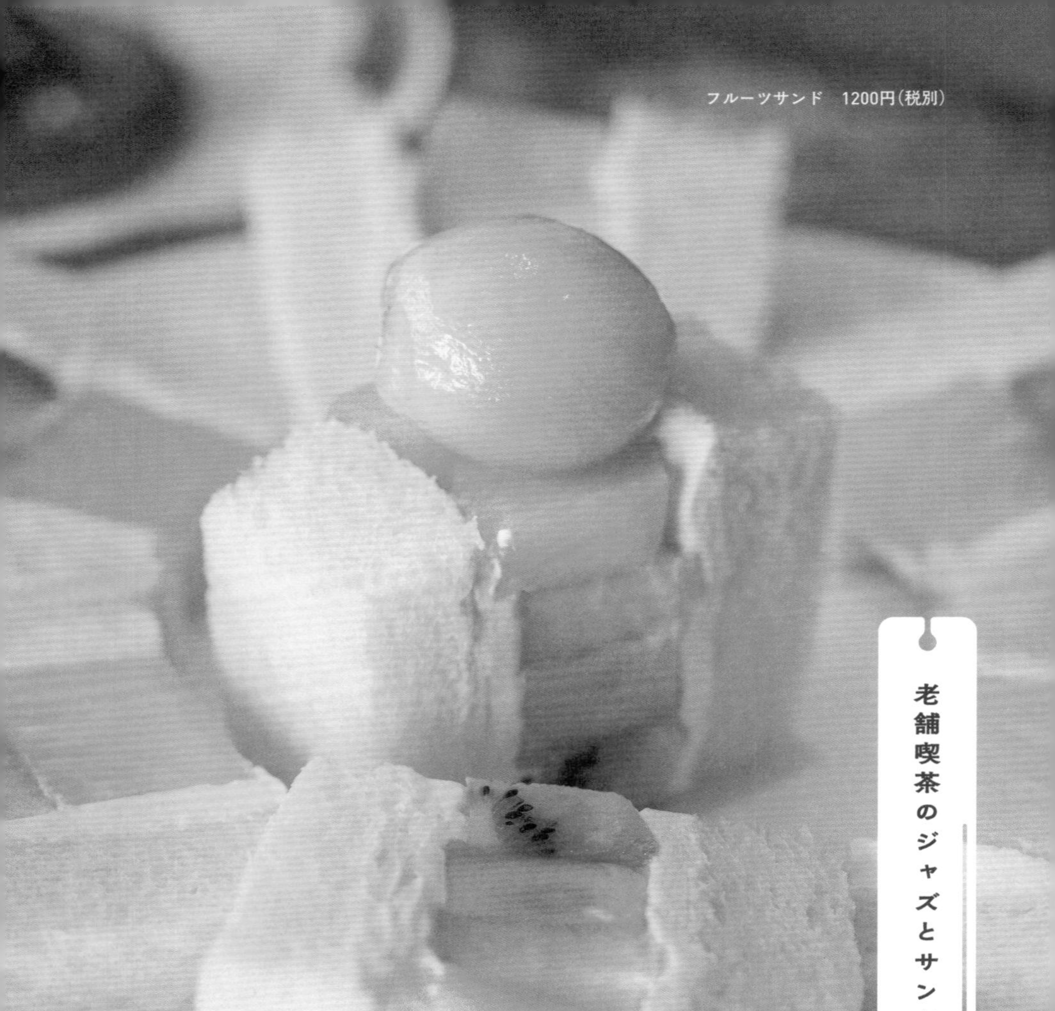

フルーツサンド　1200円(税別)

老舗喫茶のジャズとサンドウィッチ

喫茶ポプラ

Location
静岡県静岡市

28
Sandwich shop

A 冷たい金属カップに注がれるアイスコーヒーとともにサンドウィッチを楽しむ。カップは創業以来使いつづけている。
B JBL製スピーカーが鎮座する窓辺。
C 歴史ある喫茶店ならではの風情。

マスター亡きあとに 再現された大切な味

1971年創業、巨大なJBLのスピーカーからジャズが流れる喫茶店の名物は華のあるフルーツサンド。いつもマスターが丹念につくっていましたが、2017年に他界され、一時的にメニューから消えていました。

それを惜しみ、常連客だった遠矢さんがスタッフとなってママを手伝いながら再現したのがこのフルーツサンド。「まだまだ」と謙遜する遠矢さんですが、多くのお客さまを喜ばせています。

shop DATA

静岡県静岡市葵区呉服町2-4-5
三島屋ビル２Ｆ
時 12:00〜18:00
（臨時休業あり。要問い合わせ）
休 水曜日
TEL 054-251-0252

苺のベーグルサンド
380円（税別）

人気のベーグルは伝統＋現在形

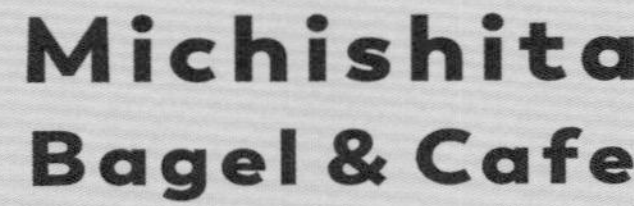

Michishita Bagel & Cafe

Location
長野県松本市

29
Sandwich shop

A

A 平日のランチ限定のサンドプレートには、店主の家の畑でとれた野菜や、地元産の旬の食材が使われる。冬のある日のメニューは、スモークトマトサーディンとカリフラワーのスープの組み合わせ。ベーグルは3種類から選べる。
B シュレッドチーズがとろけて。
C ベーグルにトマトソースを塗り、上にサーディンをきれいに並べる。
D オーブンでこんがり焼いて。

B

C

D

もっちり感と食べやすさを両立させた天然酵母ベーグル

ベーグルの食感には正解があるのでしょうか。いかにも伝統的なベーグルらしい「チューイー」な固さ？　柔らかい食感を好む日本人にも食べやすい軽さ？　Michishitaはひとつの視点をもっています。

カフェは地元でパン教室を主宰して好評を博していた水城直美さんと、ロサンゼルスの建築事務所で働いていた妹の綾子さんが2014年にオープン。当初はパン教室で教えていた、どっしりした噛みごたえの伝統的ベーグルを提供していましたが、子どもやお年寄りのお客さまが噛みちぎりにくそうにしている姿を見てレシピを変更しました。2018年のリニューアルにあたって、ニューヨークでベーグル店をあらためて食べ歩き、「本場のベーグルも近年は柔らかい」と発見したそう。現地での変化を目の当たりにして方向性が定まったのです。

E
F
G

H

E 陽光がたっぷり射しこむ厨房は冬でも暖か。
F 緑の揺れる窓辺で、東京の小さなコーヒーロースター「グラウベル」のおいしいコーヒーとともにサンドウィッチの時間を楽しむ。
G この日はヒンメリの展示中。天井から下がる大小のヒンメリは、ベーグルの守護天使のように見える。借景の豊かな緑は、松本民藝生活館と松本木工義塾の庭。
H 店舗は大きな貝塚伊吹の生垣に守られた一軒家。
I ショーケースに並ぶベーグルは10種類以上。

I

北海道産の小麦に一部、長野県産の小麦を用いてつくるつややなベーグル。その多彩な楽しみかたを伝えるため、カフェではサンドウィッチを提供しています。朝の陽射しがまばゆい店内に運ばれてきたベーグルは、優しい白い光に包まれているよう。もう、最初のお客さまが待ち受けています。

shop DATA

長野県松本市神田3-2-6
時 10:00～16:00（日曜日のみ18:00まで）
休 月曜日、火曜日
TEL 0263-87-3926

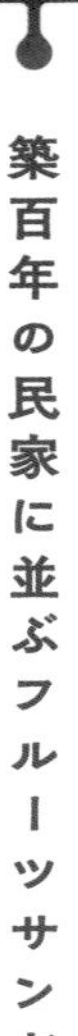

フルーツサンド各種
2個セット400円〜（税別）

円居

Location
岐阜県岐阜市

30
Sandwich shop

A 古い町家を改修した風情ある空間に、各種のパンやグラノーラが並んでいる。
B 2階のカフェ。酵母パンと季節の野菜のサラダ、スープをセットにした食事がいただける。予約は電話にて。
C 木箱に入った美しいフルーツサンド。

旬の果実の香りがはじける

　長良川の清流のほとり、旧道に残る築100年の古民家に、ひと月に数日だけ人々の活気に満ちる日があります。それは「円居」が開店する日。小ぶりなフルーツサンドは手のひらにのせると快い重量感。口中に果実のみずみずしさがほとばしります。

shop DATA

岐阜県岐阜市長良142-1
時 11：00〜16：00
休 水、金、第一日曜日を除く
（※水、金、第一日曜日に営業）
TEL 058-374-0820

牛レアカツドサンド
1980円（税別）

「人生はサンドウィッチの箱」

Sandwich Box

Location
新潟県新潟市

31
Sandwich shop

A

B

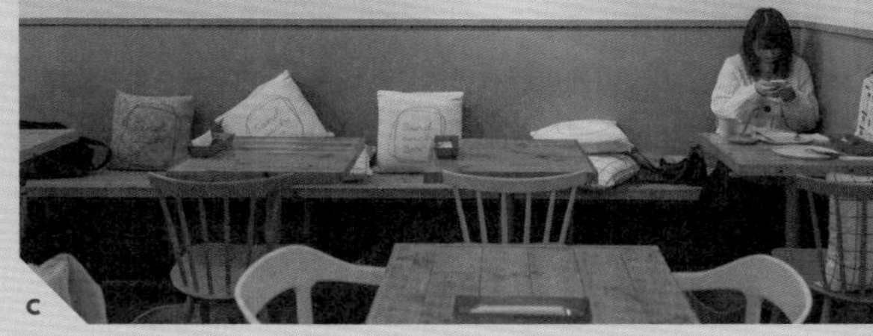

C

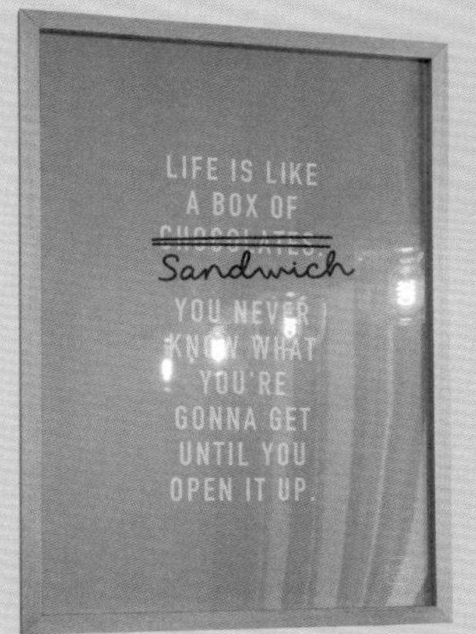

D

A 上質のフィレ肉を52℃でじっくり低温調理。パンは東区の人気ブーランジュリー「La Table」に特注している。
B 女性たちが目を輝かせるフルーツサンド。サンドウィッチの多くはテイクアウト可能。
C 北欧テイストでまとめたインテリア。
D 映画『フォレスト・ガンプ』の名言「人生はチョコレートの箱。開けてみるまでわからない」をもじって、「人生はサンドウィッチの箱」。さりげなく洒落たポスター。

肉厚のごちそう牛レアカツサンド

新潟初のカフェを併設したサンドウィッチ専門店。種類豊富な商品のひとつひとつを、スタッフ全員が納得のいくまで試作して完成させました。名物は牛フィレ肉を低温でじっくり揚げ、きれいな色味と柔らかな食感に仕上げた牛レアカツサンド。

shop DATA

新潟県新潟市中央区東大通2-2-9
トーカン万代第二ビューハイツ 1F
時 10:00〜19:00（月〜金曜日）／
8:00〜19:00（土、日、祝日）
休 年中無休
TEL 025-384-0099

甘辛チキン 柚子こしょうマヨ
400円(税別)

サンドには素敵な擬音があふれてる

オノマトペ

Location
石川県金沢市

32
Sandwich shop

A

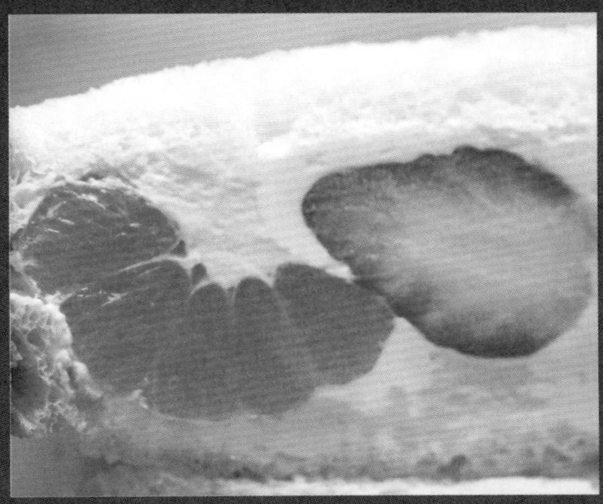

B

C

A 4種のフルーツサンドと、秋限定のラフランスのフルーツサンド。
B ショーケースには食事系やフルーツ系など、色とりどりのサンドウィッチが10数種類並べられる。どんな具材が登場するかは、当日のお楽しみ。
C 白い空間には大小のグリーンやドライフラワーがいっぱい。

ふんわり自家製パンと、おかずのような具を合わせて

2017年にオープンした、サンドウィッチとスープ、コーヒーと焼き菓子のお店。店名のオノマトペとは擬音を意味します。「さくさく」「ふんわり」。胸の高鳴りを表現する「わくわく」「うきうき」。

「サンドウィッチにはたくさんのオノマトペが詰まっています。それを楽しんでいただきたい」と語るのは、オノマトペを共同経営する二人の女性たち。イタリアンやカフェで腕をふるっていた廣瀬佑美さんと、パンや焼き菓子づくりの得意な宮川美奈恵さん。それぞれの得意分野をひとつにして活かせるのがサンドウィッチでした。

写真の「甘辛チキン　柚子こしょうマヨサンド」は、醤油やみりんに漬けた甘辛いチキンをオーブンで焼きあげ、黒胡椒をたっぷりふって、手づくりのマヨネーズと柚子胡椒のソースをかけたもの。カボチャ、レンコンといっしょにバゲットにはさんで、食欲をそそる一品になりました。

焼きあがった洋梨のタルト

D アップルパイ、キッシュ、レモンアイシングのパウンドケーキ、ブラウニー、アーモンドサブレ……開店直後のカウンターの上には焼き菓子が勢ぞろいする。
E カウンター6席のイートイン。

柔らかな食感に仕上げたバゲットや、もちもち食パン、ベーグルやバンズなど、宮川さんは何種類ものサンドウィッチに合うパンとお菓子を焼いています。オープンして3年、「アップルパイはまだですか?」などと、季節のメニューを毎年楽しみに待っていてくれるお客さまも増えました。

shop DATA

石川県金沢市鱗町109-1
サンハイツ 1F
時 09:00〜18:00（売り切れ次第終了）
休 火曜日、水曜日
TEL 076-254-5435

キューバサンドイッチ
（850円）

街を彩るサンドウィッチ印象派

MONET

Location
石川県金沢市

33
Sandwich shop

A キューバサンドは鉄板で焼きあげる。
B デリやサンドはテイクアウトも可能。
C 大正時代の町家をリノベーションした店内に、モノトーンのモダンな家具が光る。
D 窓の向こうは、昭和の懐かしい家並の中に感度の高いお店が点在する新竪町商店街。
E 店舗は二軒長屋の一角にある。お隣は明治時代から続く薬局。

街の未来を描く、白いキャンバスのような存在

古びた建物が軒をつらねる新竪町商店街は、近年、小さな雑貨ショップやギャラリーが増えてきた注目のエリア。その一角に建つ築100年の町家を改装して、人気レストラン「PLAT HOME」がサンドウィッチとデリのお店を開きました。店内で食べても、テイクアウトして川沿いでピクニックを楽しんでもいい。おいしいお店が一軒あれば人が集まり、街が楽しげに彩られていくのです。

shop DATA

石川県金沢市新竪町3-48-1
時 8:00〜18:00
休 水曜日
TEL 076-299-5449

34
Sandwich shop

コンパル 大須本店

Location
愛知県名古屋市

名古屋の海老フライはダブルソース

海老フライサンド
980円(税別)

A

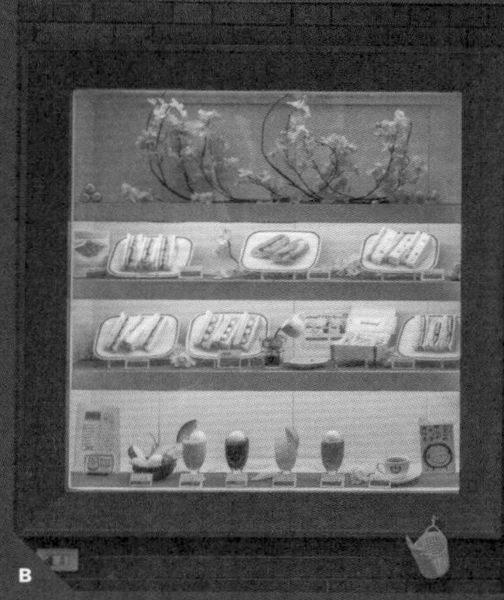

B

A 一日中にぎわう店内で、お客さまは思い思いにくつろいでいる。
B サンプルケースは昔ながらの喫茶店のシンボル。

shop DATA

愛知県名古屋市中区大須3-20-19
時 8:00〜21:00
休 年中無休
TEL 052-241-3883

ひと口ごとに唾液があふれて

名古屋を代表する老舗喫茶のひとつ「コンパル」の名物は、揚げたての絶品海老フライサンド。ぷりっとした海老の旨みに、自家製カツソースとタルタルソース、玉子とキャベツが加わった濃厚なおいしさ。訪れるたびに食べたくなるのです。

みそカツ、ポークカツ、チキンカツなど、カツ系サンドの充実ぶりは驚くばかりですが、もうひとつのコンパル名物はアイスコーヒー。氷の入ったグラスと、濃くて熱いコーヒーが運ばれてきて、お客さまが自分でグラスに注いでつくります。

板前さんのだしまきを特製味噌で

だしまきサンドウィッチ
800円(税別)

CAFE attmos.

Location
京都市東山区

A

B

C

和食店だからこそ可能な技術とセンスの結晶

祇園の和食店がカフェをオープン。板前修業を重ねた店長が目の前でつくるだしまき玉子のサンドウィッチやトーストの華麗さ、そして見た目に負けない味で評判を呼んでいます。

和食の要素を加味したメニューは、いずれも高度な技術が必要とされるものばかり。卵液を薄くひいて巻くこと何度も繰り返した繊細なだしまきから、上品なだしがあふれて。そのだしまきに2種類の味噌をあわせた、驚きのあるおいしさです。

A パンに塗るのは自家製生姜味噌と海苔味噌！
B 柿を薄くスライスしてエディブルフラワーをのせたオープントーストは高難度。見とれてしまうフォトジェニックな一皿（季節限定）。
C 無機的でシンプルに徹したインテリア。

shop DATA

京都府京都市東山区
下馬町490 ELLA490 1F
時 09:00〜17:00
（フード：L.O.16:00／ドリンク：L.O.16:30）
休 不定休のため要問い合わせ
TEL 070-1847-8818

フルーツサンド
1200円(税別)

鍵善の品格、端正な大人のサンド

ZEN CAFE

Location
京都市東山区

36
Sandwich shop

A カウンター席に座り、坪庭に揺れる緑と光を眺めているうちに心が穏やかに。
B 窓辺の路地を行く人々の目も和ませる水仙。
C コクと苦みをもつコーヒーは「中川ワニ珈琲」の豆を挽いてハンドドリップ。傍らにさりげなく添えた落雁にもおもてなしの精神を感じる。

自家製ラムレーズンの芳醇な香り

長年に渡って京都の和菓子文化を支えてきた鍵善良房。祇園の小路に開いた「ZEN CAFE」は、目立たないよう周囲にしっとり溶けこんだ外観にも美意識を滲ませています。

このカフェはくずきりで名高い本店の甘味処とは趣向を変え、現代のライフスタイルにもなじむ和菓子の楽しみを提案しており、コーヒーや紅茶に合わせて、伝統的な甘味の新しい表情を味わうことができます。

D

D 北欧デザイナーによる椅子の数々。オーレ・ヴァンシャー、JL・モラーなどのなめらかで美しいフォルムをもった椅子がお客さまを迎える。
E 季節の和菓子「冬の野」はキューブ状の2種の蒸し羊羹とパンデピスを美しく寄せて。

E

メニューの一番下に、季節のフルーツを使ったサンドウィッチがありました。たとえば12月は、甘さを抑えたまろやかな生クリームに、本店の和菓子職人がつくるラムレーズンをちりばめたサンドウィッチ。一瞬驚くほど口中に芳醇なラムの香りがあふれる、大人のための端正なおやつです。きわめて静かな断面であるがゆえに、何かに見立てて心を遊ばせたくなるあたり、まことに京菓子らしいサンドウィッチと言えるのかもしれません。

呉須で繊細な絵付けをしたお皿は、京都出身の出口ふゆひさんが手がけたもの。ここでは若手作家のうつわが使われています。コーヒーカップは岸野寛さんの作品。

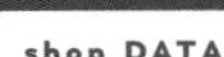
shop DATA

京都府京都市東山区
祇園町南側570-210
時 11:00〜18:00（L.O.17:30）
休 月曜日（祝日の場合は翌日）
TEL 075-533-8686

毎日食べても飽きない燻製たまご

燻製たまごのサンドウィッチ
420円（税別）

喫茶とパンdo.

Location
京都市左京区

37
Sandwich shop

shop DATA

京都府京都市左京区
北白川東久保田町10-1
第二白川ハイツ 1F
時 8:00～16:00
休 月曜日
TEL 075-746-2301

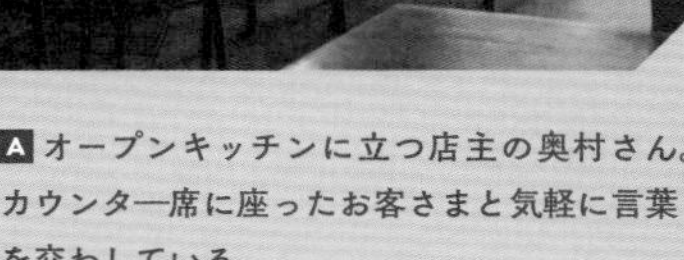

A オープンキッチンに立つ店主の奥村さん。カウンター席に座ったお客さまと気軽に言葉を交わしている。
B 店頭に並ぶパンはイートインも可能。東京の人気ベーカリーで腕をふるっていた経験が存分に活かされている。
C 白川通りに面した店舗は銀閣寺まで徒歩7、8分。哲学の道の散策途中におなかがすいたら、ここでサンドウィッチタイムを。

パンとハム、燻製たまご、すべて自家製のおいしさ

落ち着いた空気が漂う京都・北白川に、街の人々に親しまれるベーカリー&カフェがあります。サンドウィッチの定番は燻製たまご。タレに一晩漬けてから燻製するたまごのフィリングと、低温で加熱する自家製ハムの旨みが相乗効果を発揮する名作です。

店主の奥村大祐さんいわく「パンは生きもの。楽しい気持ちでつくれば嬉しそうなパン、疲れた顔でつくれば悲しげなパンが焼き上がります」。そんな店主のつくるパンは「子どもがよく食べてくれる」と、お母さんたちにも喜ばれています。

白みそ山椒たまごサンド　340円
栗と洋梨のサンド　360円
タピオカスムージーボンボン　1,280円〜（税別）
※季節限定商品

ROCCA & FRIENDS PAPIER KYOTO

Location
京都市下京区

38
Sandwich shop

「京都らしさ」をテーマにした創作たまごサンド

大阪の人気カフェ「ROCCA& FRIENDS」が京都の細い小路の一角に開いたカフェは、「紙とサンドウィッチ」がテーマ。古い5軒長屋の1階をサンドウィッチパーラー、2階を紙雑貨ショップに改装しています。

A 栗と洋梨のサンドは「ケーキのように楽めるものを」と、生クリームとマロンクリームの二層仕立て。パイのクラムを入れて食感の小さなアクセントに。
B テイクアウトBOXもキュートなデザイン。どのサンドウィッチもお取り置き可能なので、事前に電話しておけば確実。

ROCCA & FRIENDS
SANDWICH
SMOOTHIE
DRINK
PAPER
SOUVENIR

C 社長がデザイナー。急な階段を上がった2階に、京都みやげにぴったりの紙雑貨ショップを展開している。ぽち袋やレターセット、ラッピングペーパーなど、和とモダンを感じるデザイン。
D エントランスの看板。
E 紙製のオーナメントは本のしおりにも活用できそう。

京都のたまごサンドといえば、厚さ10センチものオムレツをはさんだ洋食喫茶が思い浮かびますが、ここでは白味噌や柴漬けをたまごサラダに合わせた新しい「京都ならでは」が楽しめます。

メニューを考案した店長の入江未佳子さんは「母が京都出身で、白味噌のお雑煮が大好きなんです」と、発想のベースを教えてくれました。

サンドウィッチをのせるているのは白木の結納台。ベンチ席に座っても食べやすようにという心遣いです。

shop DATA

京都府京都市下京区
新釜座町735-2
時 10:00～18:00
休 月曜日（祝日の際は翌火曜日）
TEL 075-744-6688

ROCCA & FRIENDS PAPIER KYOTO

カレーのコッペパンサンド
430円（税別）

コッペパンとトーストの楽園

トースター

Location
兵庫県神戸市

39
Sandwich shop

A 紅茶は芦屋の紅茶専門店「Uf-fu」の茶葉を使用。カップを選ばせてくれる。
B こぢんまりした空間に並ぶのはアンティークのアーコールチェア。
C トーストにヘーゼルナッツの板チョコをはさんだ通称「チョコトー」は、常連の素敵なマダムの「甘いものが食べたいわ」という言葉から生まれたそう。
D 「この仕事はお客さまの人生をかいま見られるのが素敵やなと思う」と語る店主に、食べながら人生相談をする人も多数。

甘みのある特注コッペパンとチキンカレーの共演

ミモザ色の壁、赤い水玉の看板。サイコロキャラメルの箱を思わせるチャーミングなカフェは、小さな空間ながら味は本格派です。

安心して口にできる素材でパンづくりを続けてきた大阪の名店「パンデュース」に特注したオリジナルコッペパンに、あんバターやハンバーグ、肥後橋のナビンのバターチキンカレーをはさんで。女性店主のあたたかな人柄が最高のスパイスです。

shop DATA

長野県松本市神田3-2-6
時 09:30～16:30（火～水、土）／09:30～15:00（金）
休 日曜日、月曜日（その他不定休あり）
TEL 090-6063-1486

イタリアが香るパニーノ専門店

「no. 05」コッパハム、白ワイン漬けレオン、クリームチーズ・ツナ　680円(税込)

パニーノ専門店
ポルトパニーノ

40
Sandwich shop

Location
兵庫県神戸市

A

B

C

A イタリア留学時代の思い出の品々。
B フランスの大きなアンティークキャビネット。
C イタリア産「コッパ」は豚の後頭部の生ハム。

パン好きの神戸の人々がおいしいバールとして愛用

黒板に書かれた基本のパニーノは、ずらり20種類！　イタリアに料理留学していた店主、地本智美さんが開いたパニーノ専門店には、おいしさと楽しいおしゃべりを求めて街の老若男女が通っています。

主張しすぎない味と食感にこだわって「一の宮ベーカリー」に特注したオリジナルパンは3種類。ふんわりしたフォカッチャ、バゲットに似ているけれど、固すぎないように仕上げたチャバッタ、そして、ローマ発祥の薔薇の形をした珍しいパン、ロゼッタ。お客さまはこの3種類のパンとさまざまな具材を自由自在にカスタマイズしています。

D

D イタリアのパニーノ屋さんの定番的ハムを5種類用意。子どもにも大人にも人気の「no. 08」はポルケッタハム（ハーブで味付けした豚の背肉を、豚バラ肉の塩漬けで巻いて焼きあげたハム）、ペコリーノチーズ、ルッコラを、軽やかなフォカッチャにはさんだ一品。

E 2015年開業。着実にリピーターを増やしてきた。

E

「お肉の具なら、温めた時に脂がチュワ〜っと出て染みこむチャバッタ、優しい味の具にはフォカッチャ、魚介系にはロゼッタが合うと思いますが、ご自由に楽しんで」と地本さん。常連の最高齢は88歳の女性客で、チャバッタがお気に入りとか。

shop DATA

兵庫県神戸市中央区元町通5-8-15
クロシェビル1F
時 11:30〜19:00
休 月曜日（その他不定休あり）
TEL 078-362-2770

「珈琲と本とパン」で充実の朝

フォカッチャサンドのモーニングセット
500円(税別)　※10時～12時

cafe yom pan

Location
兵庫県神戸市

A

B C D

A バゲットを使ったサンドは3種類。定番の「自家製ローストポーク＆りんごの蒸し煮＆カマンベール」はニンジンのラペも入って深みのあるおいしさ。コーヒーは東京のスペシャルティコーヒーロースターから豆を取り寄せ、フレンチプレスで抽出。
B 2階フロアにはユーズド家具が並んでいる。
C もっちり、しっとりした食感のフォカッチャは、ジャガイモを茹でてマッシュポテトを作り、生地に練りこむひと手間から生まれる。
D 築約40年の小さな3階建て。店主自ら改装して2012年にオープン。

shop DATA

兵庫県神戸市中央区
北長狭通7-1-14
時 10:00〜16:30
休 火曜日、日曜日
TEL 078-371-1289

バゲットとフォカッチャの魅力に目覚める！

パン好きの店主、藤原さんがひとりで切り盛りする小さな3階建てのカフェは、このお値段でいいの?とびっくりするほど充実したモーニングセットが好評です。

ジャガイモを練りこんだ自家製フォカッチャに、鶏むね肉、パプリカのピーナッツバター和えは相性ぴったり。全粒粉を加えた風味豊かなバゲットのサンドは、バゲット好きはもちろんのこと、食わず嫌いにもおすすめしたい名作です。

1階はキッチン、2階はカウンターとテーブル、3階は子ども連れのお客さまにも喜ばれる座敷席。大きな書架に本が並び、のんびり過ごせます。

清純な食パン、妖艶な無花果

マスカルポーネと
ドライフルーツのサンド
830円（税別）

YATT CAFE

Location
大阪府箕面市

A

B

C

A 1階のショップには焼き菓子、食パン、自社焙煎したコーヒー豆が並ぶ。2017年の開店当初からの人気商品はチーズタルト。
B 試作を重ねた食パンは、常連客が「某有名高級食パンよりおいしい」と賞賛。
C サンドウィッチの具はラム酒に漬けたセミドライのイチジクとレーズン、マスカルポーネクリーム。アクセントにラズベリーとミントを散らして。3種類のフィナンシェをひと口ずつ添えるサービスが嬉しい。

生でもおいしい、素直な食パンを使って

箕輪船場の人気店「ノイカフェ」の姉妹店として、見晴らしのいい高台にオープンした「YATT」。1階の厨房でパティシエがケーキとパンを製造しており、眺めのいい2階で楽しむことができます。
「トーストしても生のままでもおいしくて、具材とも相性がよく、耳まで食べられる食パンを、保存料などの添加物を使わずにつくっています」と、店長を務める難波さん。

大人にも愛されるドライフルーツのサンドは、ラム酒に漬けたセミドライのイチジクとレーズンが、舌の上でマスカルポーネクリームとともに柔らかく妖艶に溶けて、後を引く味わいです。

D
E
F

十二月の静かな雨の夕方、軽快だったBGMがヴォーカルとアコースティックギターの「サイレントナイト」に切り替わると、店内の空気もふっと変わり、おしゃべりに余念がなかった二人組も、雑誌をめくっていたひとり客も動きを止めて、蒼く美しい時間を感じている……そんな瞬間がありました。聖なるサンドウィッチ・ナイト。

D 自社「YATT COFFEE ROASTERS」の豆を使ったまろやかな水だしコーヒーは、12時間かけて抽出する。ホットコーヒーをサイフォンで熱めに抽出するのは、のんびりと過ごせるようにとの心づかい。

E インテリアと食べものに共通するコンセプトは「ナチュラル」。広々とした2階フロアのあちこちにアンティークの家具や雑貨があしらわれている。

F 夕暮れの通りに赤いネオンサインが輝く。眼下には北摂の街がひろがる。晴れた日にはあべのハルカスまで見渡せるそう。

G 1階のディスプレイ。

G

shop DATA

大阪府箕面市如意谷1-12-19
時 08:30〜 20:30
休 不定休
TEL 072-737-9666

かぶと海苔の
トーストサンドウィッチ　640円(税込)

母がつくったお漬物サンドの記憶

喫茶
Lamptira

Location
大阪府大阪市

A 「鶏ハムミックスサンド」は、低温調理した自家製鶏ハムと、ふわとろに仕上げたスクランブルエッグがおいしさのポイント。
B 柔らかな光に満たされた空間。
C 家をかたどった「wax work」のキャンドルも販売している。繊細な色調。

shop DATA

大阪府大阪市淀川区木川東1-11-15長島ビル
時 11:30〜18:15
（19:00まで延長もあり）
休 水曜日（その他不定休あり）
TEL 非公開
Instagramアカウント：__lamptira_kissa

カブのおいしい季節につくる懐かしい味

姉妹で営むLamptiraは季節ごと、日ごとに少しずつ異なる天然酵母パンとサンドウィッチをつくり、優しい灯りのともる店内の風情とともに多くのお客さまを惹きつけています。

薄くスライスしたカブのお漬物と味海苔を、水分でしんなりしないよう強めにトーストした自家製食パンにはさむ――そんな独創的なサンドウィッチは、かつて大阪で喫茶店を営んでいた母親がよくつくってくれたのだそう。そこに黒ゴマをふり、懐かしい記憶に自分の嗜好を加えた一皿に。

北欧のオープンサンドを図書館で

スターター スモーブロー
3種おまかせ盛り合わせ（ドリンク付き）
1500円～（税別）

smørrebrød KITCHEN nakanoshima

Location
大阪府大阪市

A

B

C

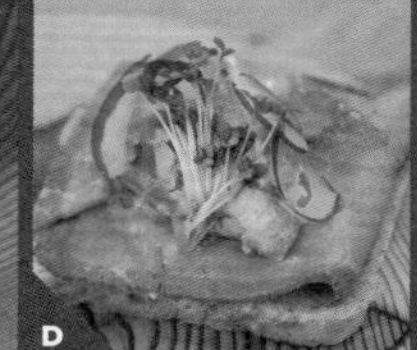
D

E

A 歴史を重ねてきた図書館の廊下のつきあたりで、背の高いガラス扉が迎えてくれる。
B 季節限定の「焼きりんごとカモミールのティーソーダ」
C 大山鶏の胸肉・マッシュルーム・タイム
D 「獣医さんの夜食」牛肉のハム・レバーペースト・コンソメのジュレ・玉ネギ・スプラウト
E セミドライレモン・クリームチーズ・ミントジュレ

スモーブローを味わいながら 歴史的建造物の内部で過ごす喜び

川沿いの並木の向こうに壮麗な姿を現す大阪府立中之島図書館は、1904年築の国の重要文化財。足を踏み入れるだけで胸が高鳴る建物の2階に、人や情報の交流拠点としてカフェが開かれており、スモーブローやスイーツを楽しみながら100年を超える歴史的建造物の魅力を肌で感じることができます。

「スモーブローはデンマークの伝統料理。もともとは残ったおかずをライ麦パンの上に山盛りにした、ワイルドなオープンサンドですが、ここでは日本人の好みに合わせて繊細につくっています」と、店長の青砥さん。軽やかで食べやすい薄くカットした➡

F 精緻な装飾がほどこされた正面玄関。外観は古代ギリシャ・ローマの神殿建築に範を取った壮麗なルネサンス様式。
G 美しいドームの下の大階段。
H 廊下のつきあたりにカフェがある。

➡ ライ麦パンの上に、季節の彩り豊かな具材が輝いています。空腹具合に合わせて小ぶりなサイズの「スターター」も用意されており、モーニングからランチ、ディナーまでさまざまなシーンで利用可能。

北欧テイストの落ち着いたインテリアは、大阪のクリエイティブユニットgrafが担当。三面の大きな窓の魅力を活かすためにキッチンをフロアの中央に設け、壁を本棚に見立てています。

shop DATA

大阪府大阪市北区中之島1-2-10
中之島図書館 2F
時 09:00〜20:00
休 不定休
TEL 06-6222-8719

アップルチークスサンドウィッチ
1100円（税別）

心はずむ一日、朝からヘルシーサンド

ASAKARA GOOD STORE

Location
大阪府大阪市

45
Sandwich shop

A オーク材の重たい扉は、タイタニック号を造った英国ホワイトスターライン社が1900〜1903年に製造したもの。木漏れ日が揺れている。
B シンプル＆ボタニカルな店内には、農家から仕入れた野菜の販売スペースも設けられている。
C 野菜や果物の多くは地元・泉州産。フレッシュなサラダの色彩が美しい一皿。

A

B

C

shop DATA

大阪府大阪市中央区
法円坂1-4-6 法円坂ハイツ 1F
時 08:00〜18:00
休 火曜日
TEL 06-6467-4009

野菜豊富なオールデイブレックファスト

朝からグッド。そう名づけられたカフェには、サンドウィッチやパンケーキなど朝食にふさわしいメニューが並びます。

「朝の食事が1日で一番好きなんです」とオーナー。「健康的でおいしい朝食があれば、その日1日が心地よい日になる。休日に『今日は何をしよう？』と思うような気持ちでカフェに来て楽しんでいただけたら」

人気のアップルチークスは、青森産リンゴのスライスに上にカマンベールとゴーダチーズをのせ、豚バラ肉と玉ネギのソテーを重ねたサンドウィッチ。リンゴのさわやかな甘酸っぱさと豚肉の塩気、飴色玉ネギの甘さが相性抜群。お皿の上に柔らかな陽光が射して、清々しい一日が始まります。

カツサンド(野菜入り)
700円

創業50年を支える名物カツサンド

ニューアストリア

Location
大阪府豊中市

46
Sandwich shop

A 8等分にナイフを入れて食べやすく。「その心づかいが嬉しい」とマスターに伝えると、「早く食べて早く帰ってほしいからです」ときっぱり。そんな大阪のおっちゃんが大好きなのです。
B シャキシャキの玉ネギも魅力のひとつ。
C 熟練の男性スタッフは無駄のない動き。

B

A

C

1970年創業の喫茶店には今日も行列が……

大阪万博の年に開店。「最初の半年は電車がここまで来てなかったので、ヒマでキャッチボールしてましたわ」とマスター。有名な洋食屋「アストリア」にお客として通い、開業にあたり弟子入りしたそう。

地元の人々に愛されつづけるカツサンドは、できればテイウアウトより店内で楽しんで。店内では野菜入りが注文できるのです。シャキシャキした玉ネギやトマト、レタスの食感が加わると、カツのおいしさが倍増。目配りのきいた接客も魅力です。

shop DATA

大阪府豊中市新千里東町1-3-8
せんちゅうパル B1F
時 08:00〜18:00
休 木曜日、第4水曜日
TEL 06-6831-2537

生ハムとチーズのオープンサンド
1200円（税別）

サンドと自然派ワインの夜は更けて

cafe EZE

Location
大阪府箕面市

47
Sandwich shop

席の間隔をたっぷりとった贅沢な空間に、不思議な空気感が漂う。大きなアンティークのキャビネットの片隅には、ボリス・ヴィアンの傑作『日々の泡』。オーナーのフレンチカルチャーへの傾倒を物語る。

古いフランス家具と北欧食器を揃えて

パリ、アルザス、ニースなどフランス各地のレストランで7年間にわたって料理修業を積んだオーナーシェフ、古田島善之さんの美しいカフェ。紅茶にもフランス産ヴァンナチュールにもよく合うオープンサンドが楽しめます。バゲットに特製マスタードソースを塗り、原木から切り出した生ハムとクリームチーズをのせて。季節の果実も香る一皿。

shop DATA

大阪府箕面市白島2-28-3
ノースショアビル　2F
時 11:00～24:00
休 年中無休
TEL 072-724-0770

coffee break

02

パンと具の黄金比

近年、クリスマスシーズンのお菓子として日本でも急速に市民権を得つつあるシュトレン。パン屋さんやパティスリーの店頭でよく見かけるようになりました。

パン職人のシュトレンとパティシエのシュトレンには、個性の違いがあるようです。たとえば「sens et sens」の店主はパン職人。そのシュトレンを食べると、店主がつくるパンと共通する小麦の風味がくっきりと響いています。

シュトレンと同じように、サンドウィッチもつくり手の出自によってアイデンティティが異なります。

肉料理の巨匠が監修したサンドウィッチは、迫力満点のお肉が主役。近年「わんぱくサンド」とも呼ばれているボリュームサンドウィッチは、具材の組み合

わせと断面の景色にこだわります。一方、ベーカリーカフェのサンドウィッチは、パンそのもののおいしさが味わえるようにつくられています。

パンと具のどちらをより立たせるか。どうバランスをとり、独自の黄金比を完成させるか。そこにお店ごとの個性が表れるのです。あれもこれも実際に食べてみたくなりますね。

バランスという点で困惑せざるをえないのが、イギリスのトースト・サンドウィッチという代物。なんとこれは、具もパン！　バターを塗った2枚のパンの間にトーストした薄いパンをはさんで食べるという、脱構築的サンドウィッチです。

このレシピを掲載する『世界のサンドイッチ図鑑』（佐藤政人／誠文堂新光社）によれば、150年ほど前にイギリスのビートン婦人が出版した本の中で、病人食として紹介されているとか。

「イギリス王立化学会は、この本の出版150周年を記念してトースト・サンドイッチを蘇らせた。もっとも経済的でしかも栄養価が高い、ランチとしても最適であるとし、このサンドイッチを再評価した」（『世界のサンドイッチ図鑑』）

本気か冗談か。いかにもイギリス人らしい酔狂だなと思いますが、『世界のサンドイッチ図鑑』の素晴らしい点は、著者がきちんとレシピにのっとってトーストサンドをつくり、カラー写真を掲載していること。意外にもちょっとおいしそうですが、はたしてこれはパンと具のどちらが主役なのでしょうか。

48

Sandwich shop

NICOLAO Coffee And Sandwich Works

Location
滋賀県草津市

巨大なレタス銀河の渦に巻かれて

パン・ド・ミのビーンズバジルチキン　556円（税別）

Mixed Fruit
フルーツサンド
ミックスフルーツ
キウイ・オレンジ・バナナ
特製マスカルポーネ・生クリーム

A

C

D

A 3種類のパン（パン・ド・ミ、チャバタ、ピッツアビアンカ）を使ったサンドが勢ぞろい。
B テイクアウトや事前予約も可能。
C 「完熟いちご」サンドは、草津のいちご農家、こはる農園のさわやかなブランドいちごを、自然な甘さの生クリームとマスカルポーネで包んで。
D カフェはJA草津「草津あおばな館」の奥。

サンドウィッチの黄金比率

パンにはさまれて渦を巻くグリーンリーフの圧倒的なボリューム！　その下に鶏胸肉とひよこ豆がぎっしりつまった高タンパクのサンドウィッチは、満足感と栄養バランスを両立させた人気の品。薄切りでもしっかり具を包める、もちもちしたパン・ド・ミのおかげです。これは店主の坂東夫妻が「壱製パン所」に特注したオリジナル。坂東夫妻の魅力的な人柄もあいまって、幸福な気配の漂うサンドウィッチです。

shop DATA

滋賀県草津市下笠町3203
草津あおばな館 1F
時 09:00～18:00
休 第一、第三月曜日、毎週火曜日
TEL 077-568-5000

サンドウィッチ・ワンダーランド

由岐（ローストビーフわさび）680円（税別）、
醍醐（納豆コーヒーゼリー）330円（税別）

鞍馬サンド
鈴鹿店

Location
三重県鈴鹿市

49
Sandwich shop

A

B

C

A 1階と2階に居心地のいいイートインがある。
B 「満足セット」は好きなサンドウィッチに600円でサラダ・スープ・ポテト・ドリンクが追加できる。モーニングやランチセットも充実。
C 「鞍馬」「貴船」など京都の地名や歴史上の人物にちなんだ名前がついている。

「私にとってサンドウィッチは、不可能を可能にしてくれる魔法の食べ物」と現オーナーの鈴村光司氏。映画館の開業を夢みて、上映中に食べられる軽食を検討。「おにぎりよりサンドウィッチのほうが甘い具材もはさめる」と考えたことをきっかけに、多種多様なものがはさめるサンドウィッチの世界にのめりこんでいったそう。

名作・変わり種50種類以上！

サンドウィッチに人生を捧げたオーナーの人気店は、断面をストライプと呼び、トマトの赤、お肉の茶色など、食材の色をきれいに一直線に揃えて手づくりしています。

変わり種で名高い「醍醐」をこわごわ齧ると、小粒納豆の風味をコーヒーゼリーのほろ苦さと生クリームのミルキー感が包み込んで「意外と食べられるでしょう（笑）」と店長の加藤さん。スタッフの親切さと子ども連れへのの優しい対応も魅力です。

shop DATA

三重県鈴鹿市野村町110-4
時 09:00～17:00
休 元旦のみ休業
TEL 059-380-0313

野生と知性の極上サンドウィッチ

ランチプレート　価格は季節により変動

ダモンテ商会

Location
香川県高松市

50
Sandwich shop

A 自家製酵母の大きなカンパーニュ。

B 畑を荒らして島の人々を困らせるイノシシを罠で捕らえ、素早く血抜き・解体して食材に活用。罠の仕掛け方やさばき方は、なんと本やYouTubeで独学。「YouTubeは人類の知恵のアーカイブです（笑）」

C イノシシ肉をソテーしてパンにのせ、自ら育てたパプリカ、リンゴ、ルッコラやレタスを重ねる。

D 築100年の納屋を自分たちの手でリノベーション。店内のどこにいても空と海と港の眺望が楽しめる。

家製酵母のカンパーニュとイノシシ肉で

瀬戸内海に浮かぶ小さな島、男木島。港のそばの急坂に建つ築100年の納屋が、ダモンテ夫妻の手で驚くべきカフェに変身しました。建物のリノベーションに始まり、畑の野菜と小麦、イノシシ肉、コーヒー焙煎まで、暮らしを楽しみながら自分たちの手でつくっているのです。

ダモンテ海笑さんは1万年前の中東を研究テーマにした元研究者。研究職を離れ、妻の祐子さんと1年間かけて世界各国を旅した後、2016年に男木島に移住しました。カフェには夫妻の畑仕事と罠猟と台所仕事、それに島の人々との交流の結晶のようなサンドウィッチが登場します。

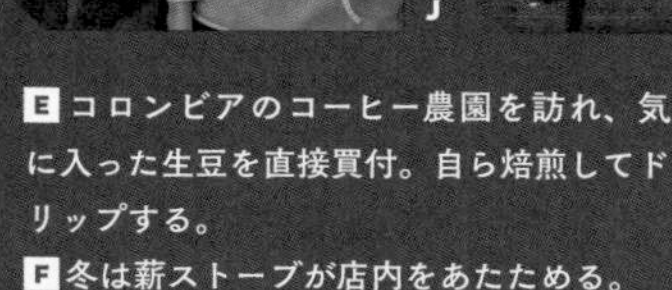

E コロンビアのコーヒー農園を訪れ、気に入った生豆を直接買付。自ら焙煎してドリップする。
F 冬は薪ストーブが店内をあたためる。
G コーヒー豆はWebサイトから購入可能。
H ダモンテ海笑さん・祐子さん。これから山を開墾して、ニホンミツバチの養蜂も始めるとか！
J 家具は英国のアンティークが多い。

自家製酵母のカントリーブレッドは、歯切れのいいクラストの中に、もっちりしたクラム。自ら狩猟してさばいたイノシシ肉を自由自在に調理して、季節の野菜や果実、ハニーマスタードソースなどと合わせます。驚嘆してしまうのは、いずれの作業も島に来てから独学でマスターしたこと。イノシシ猟も、畑の被害に悩むシニアの話しを聞いてその対策として始めたのがきっかけだったそう。酵母や島の自然に敬意を払いながら、ものづくりを探究する。そんな姿勢から生まれるおいしさです。

shop DATA

香川県高松市男木町1916
時 10:00〜17:00
休 不定休（営業日はFacebook/Instagram/Google Mapsを参照）
TEL 連絡先：info@damonte.co

Aサンドランチ（サラダ、スープ付き）1000円(税別)
※バンズは月替わり

野菜を練りこんだバンズの魅力

天満屋サンド

Location
香川県高松市

51
Sandwich shop

A パンの販売コーナーに並ぶイギリスパン。レーズンを巻き込んだパンや、子どもに人気のチョコチップパンなどもつくられている。
B かぼちゃの甘みを活かしたバンズには、かぼちゃの種をちりばめて。
C 粒ごまとすりごまをふんだんに練り込んだ香り高い黒ごまバンズ。
D 11時から17時までのサンドランチは4種類。いずれもサラダとスープがセットになった野菜たっぷりのメニュー。予約時に予めメニューを伝えておくと待ち時間が短い。

江戸時代の商家を改修したサンドウィッチ専門店

　歴史的な街並みが残る門前町、仏生山町の街道沿いに江戸時代から店舗を構える老舗呉服店「天満屋」は、その趣ある町家建築が国の登録有形文化財となっています。2014年、店内の半分をリノベーションして素敵なサンドウィッチ屋さんが誕生しました。

　一番人気だというAサンドは、バンズも具材も月替わり。野菜を練りこんで自然な甘さに仕上げたバンズと山盛りの野菜は、もとは店主の佐藤夫妻のお子さんのために工夫されたものでした。

E 中庭の眺めをとり入れるため、リノベーション時に窓を設けた。春にはツツジが咲き誇るそう。
F 佐藤誠治さん・美香さん夫妻。
G 仏生山を代表する商家建築。二階には虫籠窓が並んでいる。
H 軒下の壁を飾る「うだち」は耳のようにも見える。

「いつも朝食のサラダを食べるのが遅いのでサンドウィッチにしてみたら、早く食べられるようになったんです。苦手なトマトも、パンに練りこめば食べられます」佐藤美香さんは笑顔で語ります。

この日のAサンドは、ふっくらしたかぼちゃバンズの上にスモークチキンと柚子胡椒、美しいニンジンの千切りと玉ネギ。ニンジンが甘くておいしいのは、「スライサーを使わず、包丁で切るとこの味になるんです」と美香さん。ていねいな仕込みと美しい彩りが光る一品は、大人にも子どもにも好評です。

shop DATA

仏生山
天満屋
サンド

香川県高松市仏生山町甲542
時 11:00〜18:00
休 火曜日、水曜日
TEL 087-889-1630

おさかなのバゲットサンド　1200円(税別)
※日替りメニューのため、別のサンドウィッチの日もあり。要確認。

THE COFFEE HOUSE

Location
岡山県岡山市

52
Sandwich shop

A 岡山県産の野菜を使ったBLTサンド。ベーコンもマヨネーズも自家製。食器は力強い土味をもつ備前焼を揃えている。
B 鉄板の上でベーコンと目玉焼きを焼く。
C カウンター席に座れば、目の前でサンドウィッチがつくられる臨場感が楽しめる。
D 種類豊富なスペシャルティコーヒーは、店内のローリングスマートロースターで焙煎。本日のコーヒーは、ドリップ、フレンチプレス、エアロプレス、クレバーなど抽出方法も選べて、コーヒー好きを喜ばせている。

A

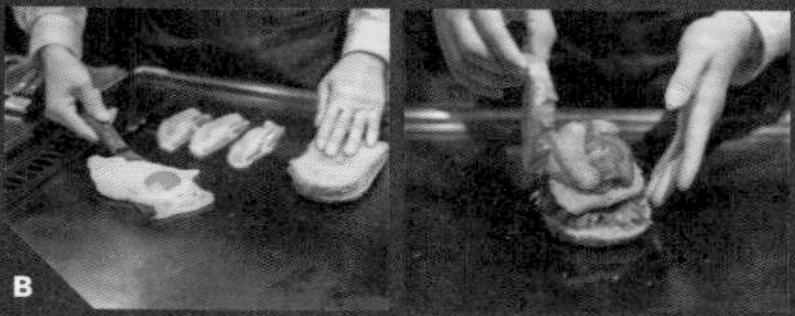

B

C

D

サンドウィッチとコーヒーのペアリング

　朝からボリューム満点のサンドウィッチが食べられる上に、産地ごとに個性の異なるコーヒーとのペアリングが楽しめる――こんな素敵な贅沢が可能なのは、コーヒーロースターが手がけるカフェだから。岡山県特産の鰆をレモン汁に漬けこんで焼いたサンドには、花とレモンティーのようなフレーバーのあるエチオピアのコーヒーを合わせて。

shop DATA

鳥取県鳥取市弥生町103 2F
時 09:00〜18:00
休 月曜日、火曜日
TEL 0857-50-1170

53

Sandwich shop

ベーグル喫茶 森の生活者

Location
鳥取県鳥取市

軽やかで深みのあるベーグルサンド

いちじくくるみのベーグルツナサンド
390円（税別）

A 袋川に面したカウンター席から街の空を眺める。コーヒーは神戸のブーランジュリーで修業していた時代に出合った「樽珈屋」の豆を一杯ずつハンドドリップ。
B クロックムッシュは、なんとベーグルを焼いてから上面、底面の焼けた部分をそぎ落として自家製ベシャメルソースをはさみ、上にもう一度ベシャメルとチェダーチーズをのせて焼くという手間のかけかた！
C いちじくとくるみを生地に混ぜこんだベーグルに、オリーブ油と塩・胡椒で和えたツナをサンド。

A

B

C

ひとりの時間を愉しむベーグルとコーヒー

静かな商店街を横ぎる川のほとりに、若草色の小さなビルがおっとりした表情で建っています。街のベーグル好きの人々が訪れるのが、ビルの2階にひっそりと開かれたカフェ「森の生活者」。神戸のブーランジュリーで修業した店主、森木陽子さんが全粒粉入りの国産小麦でベーグルをつくっています。

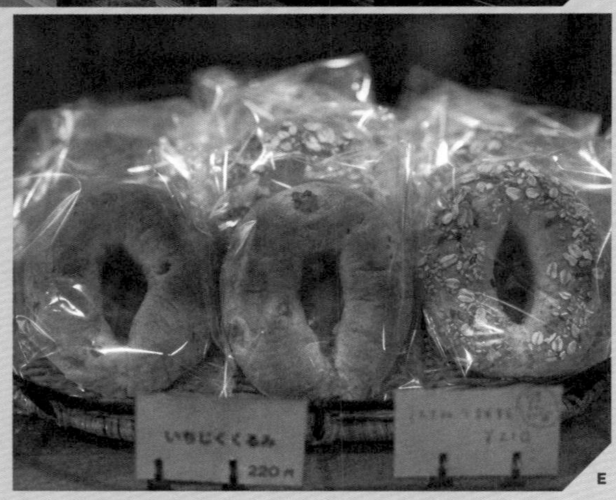

D ショーケースに並ぶおいしいベーグルを求めて、開店と同時に女性客が訪れる。
E ベーグルの種類は、プレーン、はちみつ雑穀、クランベリークリームチーズ、黒胡椒ハムチーズなど約10種類。

コーヒーとともに味わうツナサンドの、無駄のないシンプルなおいしさ。さっくりした口当たり、もちっと柔らかな噛み心地。軽やかで食べやすいのですが、全粒粉の風味が深みを与えています。コツを訊ねると「おたがいに気持ちのいい状態でつくれるといいなと思っています」と森木さん。どこまでもベーグル生地の状態に耳を澄まして以心伝心。無理なく集中できるコンディションを心がけているそう。

開店当初は「ひとりで過ごせる場所」と銘打って客層を絞ってきたけれど、7周年を過ぎて、自然な流れにまかせるようなったというお話を聞いて、店名の由来となった『孤独の愉しみ方』の一節、「森に行けばおおぜいの仲間に会える。みんな孤高の存在だ」を思い浮かべたのです。

F

G

H

F 春には目の前の桜並木が満開になり、ひとりでも最高のお花見ができる。
G お店は川のほとりの小さなビルの2階。
H 店名は言葉のイメージに惹かれたソローの名言集から。「実際に読んだのは開店してからです（笑）」

shop DATA

鳥取県鳥取市弥生町103 2F
時 09:00〜18:00
休 月曜日、火曜日
TEL 0857-50-1170

ジャーマンソーセージドッグ　420円
鰆ステーキと白カブナマスドッグ　490円
ダコタンバーガー
自家製サルシッチャと季節のグリル野菜サンド　490円（税別）

世界観から構築するサンドの美学

amam dacotan

Location
福岡県福岡市

54
Sandwich shop

A ピスタチオ練乳バターサンドとダコタンバーガー。ベーカリーの隣の美しいカフェでコーヒーとともに。
B プレミアムピスタチオクリームパンも人気。
C イタリアンの技術を生かした自家製の具材の数々が、ルヴァン種のパンの上にあふれ弾ける。

「お店の入口から、もう料理は始まっている」

足を踏み入れた瞬間、思わず声を上げそうになるのです。ぎっしり並んだハード系パンやサンドウィッチの心そそる姿、種類の多さ、そして空間の素晴らしさに。

店名はアイヌ語のアマム（穀物）とコタン（集落）をイタリア語の前置詞「ダ」で接続した造語。オーナーシェフの平子良太さんは福岡で人気のイタリアンを手がけており、名店「パンストック」と相互研修をおこないこのベーカリーを開きました。

D コンセプトは「架空の石の街に迷い込み、通りを進んでいくと小さなパン屋が現れた」。扉を開けると、つくりたてのパンの香りがたちこめる魅惑の小宇宙。空間を印象づけるのは「コテ・ジャルダン」のドライフラワーの美しさ。

E オランダやフランスのブロカント家具が物語の中にいるようなな空間を生みだす。

「お客さまの心に刻まれる場所でありたい」と平子さん。そのために自ら空間をデザインし、ディテールまで妥協せず完璧な世界を構築するために、壁に積む石まで自分でつくるというこだわりよう！

「影響を受けたのはジブリ作品。ラピュタに出てくる目玉焼きのトーストは、確かな世界観や物語があるからこそあんなにおいしそうに見える。ここでも、お客さまをお店の世界観の中に招き入れたいんです」

サンドのおいしさと世界の美しさに、訪れた人はみな頬が上気しているのです。

shop DATA

福岡県福岡市中央区六本松3-7-6
時 10:00〜18:00
休 水曜日
TEL 092-738-4666

55

Sandwich shop

秀一楼（ひでいちろう） 長崎駅前店

Location
長崎県長崎市

長崎の魅力をパニーニに詰めこんで

雪浦（ラックスハム・クリームチーズ・トマト・ルッコラ・特製ブラックオリーブペースト） 750円(税別)

A 人気のパニーニランチは日替わりの前菜（写真）とソフトドリンクがセットになって900円。
B カウンターで腕をふるう店主・和泉秀一郎さんは、ミラノのパニーニ専門店でパニーニを学んだ。
C 窓ガラスに描かれた雪浦パニーニの数々。「ミラノ」はボローニャ風ソーセージが主役のパニーニ。いずれもテイクアウト可能。

「イタリア生まれ。雪浦育ち。」の香ばしいパニーニ

パリッ、サクッと焼いた自家製フォカッチャに、ブラックオリーブのタプナードの旨み、地場産ルッコラの力強い香りとほろ苦さ、トマトのジューシーさ、ラックスハムのとろける旨みと塩気。雪浦という地名を冠したパニーニは、ワインやビールを呼ぶおいしさです。

店主の和泉さんは長崎県出身。東京のパニーニ専門店で活躍後、長崎市にパニーノ専門店をオープン。自然豊かな西海市や県産の食材をイタリアンの技法で輝かせています。害獣として捕獲されたイノシシをロースハムにすることを提言してパニーニ「Saikai」に活用するなど、地産地消を通して地域の可能性をひろげることにも一役買っています。

shop DATA

長崎県長崎市
五島町2-8 大黒ビル 1F
時 11:00〜14:00, 17:00〜22:00
休 日曜日
TEL 095-895-9966

サンドウィッチプレート
（ポテトチップス、スープ or ピクルス、ドリンク付き）
1080円（税込）

旅の食事は楽しくカスタマイズして

カフェと宿 ROUTE

Location
長崎県長崎市

56
Sandwich shop

A カラフルなチョークアート
B カフェの窓から、緑あふれる西坂公園やフィリポ教会が見渡せる。
C 造りたてのおいしさ。具はケイジャンチキンとアボカドをチョイス。
D 家具や照明は、オーナーがサンフランシスコなど国内外の旅先で集めてきたもの。リラックスして過ごした海外のゲストに「ニューオーリンズのカフェに帰ってきたみたいだ」と言われたこともあるそう。

shop DATA

長崎県長崎市西坂町5-14-2F
時 11:30〜18:00
休 月曜日〜木曜日
（金曜日〜日曜日に営業）
TEL 095-895-8965

具材を選べる「チョイスサンド」

カトリックの公式巡礼地に指定され、世界中から旅行者が訪れる西坂公園。その向かいに建つホステルの小さなカフェで、地元のパン屋さんに特注した無添加グラハムパンのサンドウィッチが楽しめます。

人気のポイントは、12種類の具材の中から好きなものを2つ選んで、オリジナルの組み合わせが注文できること。照り焼きチキン、ハニーマスタードポーク、ビーフバーグなどすべて手づくり。飛行機の機内食を連想させるプレートや親切な接客も、旅の気分を盛りあげてくれます。

サンドウィッチ 単品　500円(税込)
ドリンクセット　700円(税込)

高台の外人住宅で極上パンの朝食を

ロギ

Location
沖縄県沖縄市

A

B

C

D

A 木のカウンターや床に、庭の緑が照り映える。
B 朝食のサンドウィッチは11：30までのメニュー。
C 心ひかれるアフリカ玩具。オーナーの友人のアフリカ楽器演奏者が買い付けたもの。
D 1950〜70年代に米軍関係者向けに建てられた外人住宅を、山城夫妻がセンスよく改装して2006年に開店。

2種類の酵母を使い分ける ハード系パンの数々

見晴らしのいい高台に南国の植物に包まれて建つ「ロギ」は、沖縄の外人住宅カフェの先駆的存在です。まだひっそりした午前中に訪れると、店内の空気が薄緑色に染まっているよう。この時間帯にいただけるサンドウィッチが素晴らしいのです。北海道産小麦粉を使ったパンが、沁みるようにおいしい。

「なるべく体に負担がかからない素材を選んいます」と店主。パンの種類によって楽健寺酵母とホシノ天然酵母を使い分けているそう。

shop DATA

沖縄県沖縄市与儀2-11-38
時 09:00〜16:00
(L.O 15：00)
休 火曜日、金曜日
TEL 098-933-8583

空気ごとおいしいアボカドサンド

PLOUGHMANS LUNCH BAKERY

58

Sandwich shop

Location
沖縄県中頭郡北中城村

サンドウィッチプレート
（アボカドのオープンサンド、
サラダ、スープ付き）
1100円（税込）

A 木漏れ日の揺れる庭で、夢心地の時間。
B ライ麦パンに県産アグー豚のソーセージをはさんだホットドッグ。ソーセージの旨み、自家製セミドライトマトの旨みが口いっぱいにひろがる。
C セミハードタイプのもちもちしたパン。アオサと海塩のリュスティックなど、沖縄の素材を活かしたパンも人気が高い。

大きなガジュマルの樹の下で

水平線と市街を一望する小高い丘の上に、ガジュマルの樹に護られた、そこにいるだけで穏かな幸福の気配に包まれるカフェが隠れています。約10年前に外人住宅をリノベーションして開店。毎朝、レーズン酵母のもちもちしたパンが焼きあげられて店頭に並びます。パンづくりの発想は柔軟。たとえば。オープンサンドに用いる食パンは、生地をル・クルーゼの細長いテリーヌ型に流し入れて焼いています。

Ploughman's Lunch
Bakery

D 廃墟めいていた外人住宅を一から自分の手でリノベーションして、2009年にオープン。どの部屋もセンスのいいしつらい。
E 蔦のはう外壁に柔らかな灯がともる。
F あまりの心地よさに目を細めてしまう、気温22℃の日の中庭で。

「うちの生地は水分量が多くて成型しにくいのですが、熱伝導率のいいこの型に入れると、外側はしっかり焼けて中はもっちり感が強調され、個性的な表情が出るんです」と、オーナーの屋部龍馬さん。空間にも料理にも屋部さんのセンスと旅の記憶がちりばめられ、この場所ならではの美しさを醸し出しています。「旅先で感動した料理を家でそのまま再現しても何かが違ってしまうように、食事の環境は大切だと思う。この場所の空気ごと楽しんでほしい」

ライムとヌクマムのソースでアボカドを和えてアーモンドを散らしたオープンサンドは、食感のコントラスト豊かな、アジアとヨーロッパが交差するような一皿です。

shop DATA

沖縄県中頭郡北中城村
安谷屋927-2
時 08:00〜16:00
休 日曜日
TEL 098-979-9097

カレーのコッペパンサンド
400円（税別）

自家製バンズと柔らかプルドポーク

GORDIES OLD HOUSE

Location
沖縄県中頭郡嘉手納町

59.
Sandwich shop

A 1号店、2号店とも、1950年代に建てられた外人住宅をリノベーション。
B 鏡がランプの光を反射する一角。20年代のニューヨークをイメージした世界。
C オーナーは映画の舞台になったオレゴンの町を旅したそう。「そのまんまでした」

炭火でじっくり加熱した豚肉の旨み

『スタンド・バイ・ミー』の主人公の名を冠したハンバーガー&サンドウィッチ専門店。「オレゴンの小さな町を舞台にした映画ですが、古い町並や少年たちが冒険に出かける場面が、当時小学生だった私の心に突き刺さりました」とオーナー。1号店は50年代アメリカの田舎町のダイナー、ここ2号店は20年代NYのクラシックなレストランをイメージ。柔らかく仕上げたプルドポークは、アメリカの定番料理です。

shop DATA

沖縄県中頭郡嘉手納町水釜189-1
時 11:00〜21:00
休 不定休のため要確認
TEL 098-956-7570

coffee break

03

トーストという誘惑

喫茶店で昔からサンドウィッチと同じように気軽に親しまれていたメニューといえば、トースト。ここ数年の間にトーストもまた「こんがり焼いたパンにバター」という基本形にとどまらない、多彩な表情を見せています。

その理由のひとつは、タルティーヌ、つまりオープンサンドにインスパイアされたことではないでしょうか。サンフランシスコの有名店「タルティーン・ベーカリー」が日本上陸すると噂されていた2015年前後に、東京でもタルティーヌ文化に注目が集まり、新しいトーストの可能性に気づいた人々がいたからなのかもしれません。トーストの上に、一枚の美しい絵を描くように料理をのせてもいいのだと。

いっぽうで、若い世代のカフェには温

故知新のスタンダードなトーストも登場しています。たとえば、石川県金沢市に2018年夏にオープンしたcafe　ASHITO。

弱冠23歳の店主、櫻井大和さんは生粋のカフェ育ちです。父も母も東京でそれぞれ人気カフェを経営しており、櫻井さんも中学生の頃にはすでに将来、カフェを開くと心に決めていたそう。

メニューはハンドドリップするコーヒーが主役で、ケーキ類以外の軽食としてあんバタートーストが用意されています。県内にある小さな自家製酵母のベーカリー「月とピエロ」のパンと、櫻井さんが自分で時間をかけて仕込む粒あん。

「パンが素朴で力強く、酸味をもっているので、それに合うようにすっきりしたあんこを炊きます」

朝食にもおやつにもぴったりの素敵な一品です。

お客さまの大半は常連客。子ども連れの人もシニアも訪れて、優しく椅子を譲り合いながら談笑しているのだそう。そんな店内の景色をカウンターから眺めるのが好きなのだと櫻井さん。尊敬するカフェ店主の「カフェとは人を輝かせる場所」という言葉を胸に刻み、この街に良き場所をつくろうとしています。ところで、カウンターに吊るした時計は?

「父のお店にあった、使われてない時計を盗んできました（笑）」

shop DATA

cafe ASHITO（カフェアシト）
石川県金沢市香林坊2-11-5
www.instagram.com/cafe_ashito

café copin

運河のほとりの古い倉庫を改装したカフェで、卵を使わないパンと有機野菜がたっぷり盛られたランチプレート。

東京都江東区平野3-1-12
TEL 03-6240-3306

銀座ウエスト 本店

クラシカルな銀座の喫茶店で、上等なトーストハムサンド。お皿に添えられたレモン絞り器に感動する。

東京都中央区銀座7-3-6
TEL 03-3571-4315

musico

食パン3枚に具を2種類はさむ5層スタイルは、最近ちょっと珍しい。ネルドリップのコーヒーとともに。

愛知県名古屋市名東区上社2-59
TEL 052-774-0266

SONKA

なんて素晴らしいバゲット！バリっと弾けるクラスト、繊細で柔らかなクラム。よけいな飾りを必要としない味。

東京都杉並区成田東2-33-9
TEL 03-5913-8551

Sandwich diary

珈琲 門

昼食に「ミルフィーユプレート」。薄焼き玉子とチーズが何層にも重ねられた、門のオリジナルサンドウィッチ。

愛知県名古屋市東区橦木町1-15
橦木ビル1F　TEL 052-559-0759

BONDI COFFEE SANDWICHES

初夏、風そよぐ窓辺で遅めの昼食。気取らない空気感に、オーストラリアの海辺のカフェを想像しながら。

東京都渋谷区富ヶ谷2-22-8 アキラビル1F
TEL 03-5738-7730

銀座ブラジル

老舗喫茶店の元祖ロースカツサンド。中身は揚げたてロースカツの二枚重ね！　キャベツがとても細かい。

東京都台東区浅草1-28-2 2F
TEL 03-3841-1473

LIMENAS COFFEE

スパイスの香りにこだわった、辛さ控えめのタンドリーチキンサンド。仕上げにふったクミンが口の中で踊る。

埼玉県所沢市日吉町6-7
TEL 04-2006-0914

おわりに

サンドウィッチの旅を通して、さまざまなことを学びました。

たとえば、あるシェフは具材の「だし巻き玉子」と「卵焼き」の違いにこだわります。だし巻きは玉子を幾重にも巻き重ねていなければ、だし巻きとは呼べない。たとえだし入りの卵液とて、3回程度に分けて巻いていくならそれは卵焼き。正統派のだし巻き玉子は、卵液をもっと何回にも分けて、ひたすら薄く焼いては巻き、をくり返してつくるのだと。その繊細な断面は、９８ページをご覧になってみてください。

巻きかたに「京巻き」と「大阪巻き」があることも教わりました。卵液を手前から向こうへ巻くか、逆に向こうから巻くか。四角い卵焼き鍋の手前から巻いていくのが京巻き、奥から手前に巻くのが大阪焼きです。京巻きにすると層の間に空気が入りにくく、きっちり巻けるのですって。これは仕出し弁当に入れた時にいたんだり、だし汁が沁みたりするのを防ぐ工夫。逆に大阪巻きにすると層の間に空気が含まれやすく、ふんわりした食感に仕上がるのだそうです。なるほど、納得ですね。

文筆業の人間としては、卵と玉子の違いも気になります。本書では原則としてお店の表記に従いつつ、生であれば「卵」、調理後は「玉子」と使い分けています。「卵焼き」は生の卵を焼いたもの。「だし巻き玉子」は、だし入りの卵を巻きながらつくった玉子です。

人気店のサンドウィッチにも失敗作がある、ということも知りました。店頭に並べたものの全然売れなかった一品。

「試作して、おいしいと自信をもっていたんですけど」

納豆入りサンドは、そのカフェの女性客たちにはなんとなく敬遠されてしまったようです。

素敵なサンドウィッチ話の数々を聞かせてくださった喫茶店／カフェの皆さま、また、ページをめくってくださった皆さまに、心から感謝いたします。本書の中で、パセリはいくつ発見できたでしょうか。

川口 葉子

ライター、喫茶写真家、コーヒー中毒者。茨城県生まれ、インド育ち、早稲田大学第一文学部卒。高校時代から本を読んだりぼんやりしたりする場所を求めて喫茶店／カフェ通いを続け、2001年に処女作『東京カフェマニア A Small, Good Thing』（情報センター出版局）を上梓。以来、文章と写真を通して多様な媒体で喫茶店／カフェの魅力を伝え続けている。著書に『東京の喫茶店 琥珀色のしずく77滴』（実業之日本社）、『京都カフェ散歩 喫茶都市をめぐる』（祥伝社）、『東京古民家カフェ日和』（世界文化社）、『東京カフェを旅する』（平凡社）、『本のお茶』（角川文庫）ほか多数。

サンドウィッチ と 喫茶の時間

2020 年 3 月 25 日　　初版第 1 刷発行

著者 ——— 川口 葉子

発行者 ——— 長瀬 聡

発行所 ——— 株式会社グラフィック社
〒 102-0073
東京都千代田区九段北 1-14-17
TEL 03-3263-4318
FAX 03-3263-5297
郵便振替 00130-6-114345
http://www.graphicsha.co.jp

印刷・製本 —— 図書印刷株式会社

Staff

デザイン ——— 鎌内文（細山田デザイン事務所）

DTP デザイン — 横村葵

イラスト ——— 野村彩子

製作協力 ——— サイレック

編集 ——— 坂田哲彦（グラフィック社）

ISBN978-4-7661-3291-5 C0076